지금 흥 캐러 갑니다

아름다운재단 변화의시나리오 인큐베이팅 03

지금 흥 캐러 갑니다

신진문화예술행동 흥

초판 1쇄 펴낸 날 2021년 8월 30일

지은이　박지선
펴낸이　김삼수
편　집　김소라
디자인　Annd

펴낸곳　아모르문디
등　록　제313-2005-00087호
주　소　서울시 마포구 성미산로13길 87, 201호
전　화　0505-306-3336
팩　스　0505-303-3334
이메일　amormundi1@daum.net

ISBN　979-11-91040-09-8 04330
　　　　978-89-92448-76-5 (세트)

아름다운재단
변화의시나리오
인큐베이팅
03

지금 흥 캐러 갑니다

신진문화예술행동 흥

박지선 지음

아모르문디

예술로 이루어가는 연대

'흥'은 학내에서 노래패나 밴드 활동을 하면서 더 나은 세상을 노래하던 청년들이었다. 졸업 후 지역을 떠나지 않고 꾸준히 음악 활동을 이어가고자 했던 이들은 부산 인디 밴드 레이블을 만들어 저마다의 색깔을 만들어갔다. 뮤지션으로서의 깊이를 더함과 동시에 투쟁과 집회의 현장으로 달려가 꾸준히 연대했다. 거기서 만난 평범한 노동자와 주민의 사연은 그들 노래의 가사 말이 되기도 했다.

대통령 탄핵 촛불 집회에서는 '트럭돌(트럭 위의 아이돌)'이라는 별명을 얻을 정도로 매일 저녁 흔들리는 트럭에서 노래를 하고, 춤을 추고, 리드미컬한 구호를 외쳤다. 그때 참여했던 많은 분들이 이름 모를 트럭 청년들과 행진하는 시간이 가장 기다려졌다고 이야기해주었다. 흥은 그 '흥겨운 비장함'으로부터 싹을 틔웠다. 이 책은 바로 그 청년들이 걸어온(그리고 걸어갈) 길과 그들이 꿈꾸는 세상에 관한 이야기다.

책을 여는 1부 '흥을 만드는 사람들'에는 평범한 청년들이 예술을 통해 더 나은 세상을 꿈꾸게 된 계기와, 흥을 만든 이후 성장통을 겪으며 외연과 내면을 한층 단단하게 다져나가는 예술가들의 진솔한 생각을 담았다.

흥을 만들기 전 촛불 광장과 노동 집회 현장에 참여하면서 만난 이들과의 짜릿한 화학반응에 전율하면서도, 때때로 회의를 느끼곤 했다. 시민들이 오가는 광장에서 이해하기 어려운 연설과 구호만 난무한 집회라든가, 자칫 부담스럽게 느껴지는 투쟁가만 줄곧 울려 퍼지는 풍경이 '노동'이라는 단어를 멀게 느끼게끔 하고 안 그래도 왜곡 보도되는 폭력적인 노동자 이미지를 더 강화시키지 않을까 걱정스러웠다. 초창기 흥 구성원들은 따로 또 같이 상상했던 새로운 집회 문화에 대한 바람을 조금씩 꺼내놓았고, 저마다의 아이디어를 쏟아내 구체화하기 시작했다. 사회활동에 참여하고 있거나 혁명을 이끌어낸 예술가들의 행보를 찾아보고, 지역에서 문화예술 운동을 실천하고 있는 선배님을 찾아가 조언도 구했다.

그러다 아름다운재단의 인큐베이팅 지원사업을 접했고, 그들의 생각을 구체적인 사업으로 그려나가기 시작했다. 다른 지역도 마찬가지겠지만 당시 부산도 마트, 학교비정규직 급식노동자, 교사, 돌봄노동자 등 비정규직 노동자의 투쟁이 연이어 일어나는 상황이었다. 신생 노조의 조합원들은 투쟁 구호와 팔뚝질이 아직 어색하다고 했지만, 혹한에 노숙 투쟁을 하면서 서로를 지켜주는 동지애로 감동적인 연대를 보여주었다. 흥은 이러한 비정규직 노동자들의 농성장에서 예술로 함께하며 싸우고 싶었다.

인큐베이팅 사업에 처음 지원했을 때의 사업계획서에는 비정규직 노동자를 중심에 둔 새로운 문화예술운동에 대한 구상이 다양하게 펼쳐져 있다. '노동문화예술허브 흥'이라는 당시의 단체명도 그때의 포부를 고스란히 담은 것이다. 흥은 노동과 예술을 키워드로 노동자와 예술가를 연결하고, 그 과정에서 만들어진 작품으로 '노동'의 가치를 회복함과 동시에 그러한 연결 작업들이 곧 흥의 일(생계)이 될 수 있길 바랐다. 하지만 아쉽게도 첫 번째 도전에서는 고배를 마셨다.

두 번째 도전에서는 아름다운재단 활동가들과 주변 지인들의 현실적인 조언을 바탕으로 단계적인 사업계획을 목표에 맞게 써 내려갔다. 사무국장이었던 광혁은 무엇보다 노동운동과 문화예술이 왜 만나야 하는지에 대해 흥이 해왔던 고민과 어떤 사회문제를 해결하고 싶은지 진솔하게 공유함으로써 첫발을 내딛을 기회를 얻을 수 있었다.

지원사업이 결정된 후 2017년부터 본격적으로 노동자들과의 활동을 시작하기에 앞서, 민주노총부산본부 위원장님을 만나 흥의 구상을 의논했다. "옛날에는 노동자들이 문예 동아리 활동도 하고 투쟁 현장에서 함께 춤, 노래, 풍물로 더 힘차게 단결하고 공동체성을 느끼곤 했는데, 요즘은 그게 참 어렵다. 더구나 문화의 불모지인 부산에서 흥이 참 어려운 결심을 한 것 같다. 지치지 말고 잘 해나갔으면 좋겠다"고 격려를 아끼지 않으셨다. 뒤이어 단체명을 물어보시는데, '노동문화예술허브 흥'이라고 말씀드렸더니 "허브? 사탕 이름이냐?"는 답변이 돌아왔다. 초기 대표였던 나와 사무국장 광혁은 적지 않은 충격을 받았다. 현장 노동자들이 느끼기에 좀 어려운 이름일 수 있다는 현실적인 조언이었겠으나, 우리는 단순히 이름 차원의 문제가 아님을 깨달았다. 그때부터 기존의 사업계획서를 책상에서 치우고,

의자에서 엉덩이를 떼고, 할 수 있는 한 최대한 많은 비정규직 노조 사무실 문을 두드렸다. 우리의 사업계획서는 노동 현장과 노동자들의 요구에서 출발한 것이 아니었다. 대대적인 수정이 필요했다. 그렇게 '흥 캐러 갑니다'가 시작됐다.

"5분이면 될까요?" 광혁이 노조 사무실에 간담회를 요청하고 방문했을 때 가장 자주 들은 말이다. 모두 그런 반응은 아니었지만 대부분이 크게 반기지도, 크게 꺼리지도 않았다. 힘든 노동을 마치고 연달아 이어지는 노조활동과 회의로 노조 간부들의 눈빛은 지친 기색이 역력했다. 뭔지는 몰라도 빨리 끝났으면 하는 신호를 수시로 느꼈다.

그럼에도 '흥 캐러 갑니다' 간담회는 2~3년 동안 이어졌다. 콘크리트 벽을 뚫고 민들레꽃을 피워낸 홀씨처럼, 흥은 비정규직 노동자들의 팍팍한 일과 어디쯤에 예술이라는 홀씨를 퍼뜨리고자 노력했다. 초기 1년은 특유의 넉살을 장착하고 틈만 나면 노조 사업장을 방문했다. 당장에 뭔가를 함께 해보자는 결론을 이끌어내진 못했지만 2년차, 3년차가 되자 조금씩 반응이 오기 시작했다. 노동 현안이 생겨 투쟁을 준비하거나 투쟁 중인 사안을 시민들에게 널리 알려야 할 시점이 오면, 흥이 흘리고 간 홀씨가 피어나곤 했다. 흥이 간담회 때 설명한 그림이 투쟁 현장에서 실제로 그려지고 나면, 조합원 당사자는 물론이고 그 광경을 본 다른 노조 간부들도 조금은 다른 집회 문화를 상상하면서 흥의 문을 두드렸다. 이런 경험치는 지금도 부산 지역의 노동자와 예술가 들에게 한 겹, 한 겹 쌓여가고 있다. 부산에서 일어나는 투쟁 사안이 뭔지 궁금하다면 흥의 행보에 주목하는 게 가장 빠를지도 모르겠다.

홍이 직접 현장으로 달려가서 연대하는 예술활동이 한 축을 담당하고 있다면, 다른 한 축에는 지역 예술가들과의 사회적 예술활동이 자리하고 있다. 참여 대상도 점차 확대되어 1, 2년차에는 비정규직 노동자들의 이야기가 중심을 이루고 이후에는 활동 범위와 예술 장르를 넓혀나가게 된다. 그 과정에서 지역 예술인들과의 협업은 필수적이었으며, 사회적 예술행동을 함께 기획하기 위한 스터디나 워크숍도 꾸준히 해왔다. 이 책의 2장 '예술하는 노동자'와 3장 '노동하는 예술가'에서는 이렇게 노동과 예술이라는 키워드가 만났을 때의 여러 모습을 공유하고자 했다. 노동자가 예술적 표현으로 자신의 노동을 만날 때의 모습, 그리고 예술가가 자신의 예술을 노동자의 시선으로 객관화하는 모습을 살펴볼 수 있다. 홍은 그러한 활동의 '과정'을 만들어내는 매개 역할을 하고자 현재까지도 다양한 시도를 하고 있다. 사업 초기에는 노동자가 직접 예술활동을 해야 한다는 '당사자성'이 주는 딜레마에 빠지기도 했지만, 이러한 과정을 거쳐 홍은 자신의 언어로 '노동과 예술'을 재정의하고 실천으로 보여주고 있다.

4장에서는 초기부터 2020년까지 홍이 어떤 방식으로 지역의 주요 의제들을 예술활동으로 풀어나갔는지를 다루었다. 마지막 5장은 홍 구성원들의 이야기를 담았다. 지난 인큐베이팅 기간 동안 홍이 성장한 지점과 아쉬웠던 지점을 하나하나 곱씹으며, 그 수많은 점들이 이루어낸 다양한 선과 면을 그려보는 시간을 가졌다.

문화기획자, 청년, 예술노동자, 운동가 등 여러 역할의 교차점에 서 있는 흥 구성원들은 끊임없이 변태하고 있다. 때로는 각자의 바닥에 주저앉아 한국 사회의 청년이라면 피해 갈 수 없는 어려움을 마주하기도 한다. 그럴수록 흥은 노동의 현장에 자신들의 예술을 위치시키는 데 집중한다.

"흥 활동을 하면서 연대 자체가 예술이 될 수 있음을 알게 됐다"는 보성의 말처럼, 때로는 차별과 혐오에 균열을 내는 무기가 되고 때로는 위로가 되는 예술을 하면서 흥이 오랫동안 우리 곁에 있어줬으면 좋겠다. '신진문화예술행동 흥'이 스스로 기회를 획득할 수 있도록 자양분이 되어준 아름다운재단과 각 지역에서 함께 성장하며 응원과 격려를 보내준 공익활동가 분들께 감사와 연대의 마음을 전한다. 산만한 원고를 지혜롭게 정리해주신 아모르문디 김소라 편집자 님에게도 감사드린다. 지면에 다 싣진 못하였지만 흥이 지난 3년간 지역사회에 어떻게 뿌리내리고 있는지 진심을 다해 인터뷰에 응해주신 원향미, 이원규, 이윤경, 박자현 님께도 깊은 감사와 애정의 마음을 남기고 싶다. 우리 지역 예술가들 한 명당 천 명의 팬만 생겨도 그 지역에서 먹고살 수 있을 거라던 원향미 연구원님의 이야기처럼, 이 책이 흥을 천 명의 팬과 연결하는 데 조금이나마 기여할 수 있기를 바란다.

2021년 여름

박지선

차례

차례

1장
흥을 만드는 사람들

컴퓨터 앞에 앉아 키보드를 두드리는가 싶더니 어느새 기타 줄을 튕기며 무언가를 생각하는 보성, 밤을 새며 웹툰 작업을 마무리하고 오전에 출근하는 동료들에게 미소 띤 얼굴로 퇴근 인사를 하는 석현, 차분하게 홍보 업무에 집중하는 손 빠른 가영, 자유로운 영혼들 사이에서 현실적인 기획서를 써 내려가는 동환, 선을 넘는 예술을 찾아 나서기 위해 눈을 반짝이는 기영, 이 개성 넘치는 '흥 유발자들'을 데리고 어떻게 흥을 폭발시킬지 고민하는 대표 준호, 부랴부랴 악기를 빌리러 온 옆집 사는 광혁의 맛깔스러운 수다까지….
이들의 작업실은 길 위의 흥과는 달리 차분한 리듬으로 가득 차 있다.

이광혁_
마중물이 되어주는 사람

전 통 문 예 판 에 재 미 와 감 동 을 더 하 다

2000년대 초중반까지만 해도 대학 캠퍼스에서는 민중가요와 그 몸짓을 흔히 접할 수 있었다. 꼭 '운동권'이 아니어도 신입생 환영회나 학내 문화공연에서 어렵지 않게 만날 수 있었다. 관심 있는 새내기들은 단과대학 혹은 중앙 동아리 노래패나 몸짓패, 풍물패에 들어가 배우고 활동하면서 무대에 오르는 경험도 한다.

흥 구성원들은 대안학교를 졸업한 김기영을 제외하곤 모두 부산대학교 문예패 출신이다. 흥 초기 멤버들은 부산대 문예패연합(부문연) 의장 출신이다. 최동환, 윤석현을 거쳐 몇 년 더 거슬러 올라가면 이광혁이 있다. 이광혁이 부문연 의장을 했던 2004년에 나는 총학생회 문화국장이었다. 여러 집회 현장에서 스치기는 했겠지만, 어찌 보면 이때가 우리의 공식적인 첫 만남일지도 모르겠다.

광혁과 내가 파트너가 되어 처음으로 준비한 학내 행사는 '새내기 진짜 입학식'이었다. 으레 민중가수 초청과 문예패의 노래와 몸짓으로 구성되는 기존의 공연에 변화를 주고, 새내기들에게 조금 더 친숙한 언어로 다가갈 수 있는 방법을 찾고 싶었다. 새내기들이 자신의 개성대로 참여하여 대학의 새로운 주인, 주체로 존중받는 느낌을 가지면 좋겠다고 생각했다. 그래서 정말 심신을 다해 준비했다. 전국의 지성인 '셀럽'들의 응원 메시지를 새내기들에게 전하려고 작은 캠코더 카메라 하나 달랑 들고 서울과 부산을 오가며 박찬욱 감독, 권해효와 이재용 배우, 김제동 등 핫한 인물들을 무작정 찾아갔다. 대학생들의 정치 참여(그해 5월 국회의원 선거를 앞두고 있었다)와 입학 응원 메시지를 6mm 테이프에 담아 와 밤새 편집해 무대 스크린에 띄웠다. 새내기들을 위해 준비했지만 그들이 마치 나를 향해 미소 지으며 말하는 것 같아 무대 아래에서 혼자 울컥하기도 했다.

한편 부문연 의장 이광혁은 노래패나 몸짓패 공연에 머무르지 않고 정말 새내기들이 주인공인 무대를 기획했다. 당시 한창 유행하던 〈미친 소〉라는 개그 프로그램을 패러디하여 본 공연으로 올렸다. 두 명의 '진짜' 새내기를 섭외해서 그들의 일상 언어로 대본을 만들고 무대를 연출했다. 위트 있는 기획에 나 역시 공연을 재미있게 보며 음향 콘솔 옆에서 한참을 웃었다.

생활문화를 고민하며

광혁은 2004년 부문연 의장으로 활동하면서 문예 일꾼들이 스스로의 문화예술 실천으로 우뚝 설 수 있는 장을 만들고 싶었다. 노래와 몸짓이 좋아서 문예패에 들어와 한창 성장하고 있는 후배들을 자꾸

학생회 일꾼으로 데리고 가는 게 속상하면서도, 정작 문화공연이 필요할 때는 부름에 응할 수밖에 없는 구조가 영 달갑지 않았다.

그러다 2005년에 총학생회 문화국장으로 활동하게 되자, 문예 일꾼과 문예운동이 존중받으려면 독자적인 흐름을 가져야겠다는 생각을 했다. 문예 이론과 문화운동 관련 자료들을 엄청나게 읽어댔고, 지금껏 마냥 좋아서 불러대기만 했던 민중가요가 달리 보이기 시작했다. 오래전부터 동아리방에서 선배들이 불러왔고 그 모습이 멋져서 기타를 배우고 목청껏 불러젖히기만 했던 것에 대해 반성을 넘어 각성이 이루어졌다. 광혁은 시대에 필요한 민중가요는 뭔지 골똘히 고민했고 그때부터 조금씩 노래를 만들기 시작했다.

광혁의 고민은 학내 문예운동 차원에만 머무르지 않았다. 자본주의 사회에서 예술과 문화는 어떠해야 하는지 고민의 범위가 확장되었다. 총학생회실에서 함께 일하는 주변 일꾼들을 둘러보았고, 사회를 바꾸고자 하는 사람들조차 자신의 생활문화 또는 일상문화에 전혀 신경 쓰지 않는다는 사실을 깨달았다. 어쩌다 학내 일정이 취소되어 여가 시간이 생기면 학생회 일꾼들은 드라마를 보거나 유행하는 대중가요를 즐겨 들었다. 그 외에 다른 문화생활이 없었다. 자본이 만들어낸 문화를 소비만 하지 않고 일꾼들이 먼저 문화적 소양을 키울 수 있도록 생활문화를 혁신하는 기풍을 만들어보자고 제안했지만 변화는 쉽지 않았다.

민중가요에서 스카 음악으로

부산대 정문 앞 대학로에서는 다양한 문화기획자와 아티스트가 결합해서 한 달에 한 번 문화의 거리를 만들어갔다. 이러한 흐름은 총학생회의 지원이 있었기에 지속될 수 있었고, 그것을 위해 역대 문화국장들 간의 연대와 네트워킹도 더 유기적으로 이루어졌다.

특히 2003년 문화국장이었던 김건우와 이광혁의 노력으로 대학로 앞에서 다양한 장르의 음악과 공연이 펼쳐짐과 동시에 광혁의 음악도 새로운 전환점을 맞이하게 되었다. 부산의 인디 뮤지션들과 공연을 수차례 기획했던 김건우는 학내 밴드 동아리와도 지속적으로 소통하길 원했고, 광혁 역시 그 과정에서 부산의 다양한 밴드 음악을 접했다. 광혁은 이때부터 새로운 악보를 구상하기 시작했고, 그렇게 만들어진 밴드가 '웨이크업Wakeup'이다. 2007년부터 2012년까지 학교를 다니면서 문예패 후배들 중 밴드 활동에 관심 있는 친구들을 모아 결성했다. 그가 군대를 다녀온 2012년 무렵에는 '스카웨이커스SKA WAKERs'로 이름을 바꾸고 활발히 활동하게 되었다. 2014년에는 '루츠레코드'라는 레이블을 만들었다. 서울이나 다른 음반 제작사를 거치지 않고 직접 자신들의 음악 세계를 구축할 거점인 동시에 후배들이 좀 더 안정적으로 모여 함께 성장할 수 있는 토대가 필요했다. 부산에 남아서 오래 노래하고픈 팀들이 모이기 시작했다.

2016년 당시 루츠레코드 레이블 대표였던 광혁은 『뷰직페이퍼』와의 인터뷰에서 '민중가요에서 스카 음악'으로 가게 된 과정을 이렇게 설명했다.

"처음에는 깨우는 게 목적인(그래서 밴드 이름이 웨이크업이다), 계몽 밴드 정도였다고 할까요. 다른 밴드들과 달리 활동 장소가 집회 현장, 길거리 이런 곳이었으니까요. 우리도 스스로 인디 밴드라고 생각하지 않고 부산대 밴드, 민중가요 밴드라고 했어요. 그러던 중에 슬쩍슬쩍 변화하기 시작했어요. 정확하게는 스카 음악을 하게 되면서부터죠. 2007년 여름에 '부산 국제 락 페스티벌'에서 스카 밴드들을 보고 나서 본격적으로 준비를 했어요. 그전까지의 민중가요 동아리 같은 성격에서 벗어나보자는 데 합의한 거죠. 민중가요의 물을 빼려고 노력하면서 클럽에서 공연도 하게 됐어요. 다시 말하면 민중가요의 스피릿은 유지하되 옷은 갈아입어야겠다, 수박처럼 되어야겠다, 겉은 푸르게 속은 빨갛게. 그래서 옷을 갈아입는 작업을 했죠."

수박으로 사는 뮤지션의 일상은 어땠을까? "세상 바꾸는 거 따로, 음악 하는 거 따로" 하려니 너무 바빴다. 광혁은 두 가지를 합쳐 보자 마음먹었다. 예전에는 사회를 변화시키고 싶어서 음악을 활용하는 데 그쳤다면, 이젠 음악 그 자체의 힘을 알게 되었다. 광혁을 비롯한 루츠레코드 레이블 소속 가수들은 음악을 계속하면서 살고 싶었고, 그렇게 살아남으려면 사회를 바꿔나가는 실천도 같이 해야 한다는 데 뜻을 함께했다. 10년 동안 수많은 집회 현장에서 민중가요가 아닌 직접 만든 음악으로 연대했다. 한진 희망버스, 강정마을 지키기, 평택 쌍용차 해고 투쟁, 밀양 할머니들이 싸우셨던 송전탑 반대 투쟁, 성주 사드 반대 투쟁 현장에도 스카웨이커스의 음악이 울렸다. 오랜 기간 현장에서 공연으로 연대해왔지만, 부산에서 가장 많은 시민들에게 이름을 알리게 된 곳은 박근혜 퇴진 서면 촛불 집회 현장이었다.

"최근에 저희를 안다고 하시는 분들은 촛불 집회 때의 〈하야송〉을 언급하세요. 부산 서면에서 부르기 시작했는데 그 모습을 많이 기억해주시는 것 같아요. 이게 전국으로 퍼져 나가더니 갑자기 뉴스와 신문에도 나오면서 '얘네들 뭐하는 애들이지?' 하며 더 주목받았죠. 사실 저희 노래는 아니고, 〈아리랑 목동〉이라는 노래를 개사해서 불렀어요. 집회에 나오신 분들이 따라 부르기 쉬우려면 응원가 같은 느낌이면 좋겠다고 생각했고, 같이 집회 준비하던 청년들이 불러보자고 해서 불렀는데 저희가 얼떨결에 그 노래를 만든 팀이 되어서 인터뷰도 하고 그랬습니다. 10년 동안 늘 집회 현장과 무대에 있었지만 잘 모르시다가 박근혜 촛불 집회 때 저희를 알게 된 분도 계시고, '너희 그러다 감옥 간다'고 걱정하시는 분도 계시고요."

2016년 11월 12일, 3차 범국민행동이 열렸다. 100만 명이 광화문에 모였다. 스카웨이커스를 비롯해 부산 뮤지션들도 서울행 버스에 올라탔다. 낮에는 사전 공연을 하고, 저녁에 본 무대로 오르기로 했다. 광화문 광장에 도착했을 때는 이미 수많은 인파가 넘실대고 있었다. 스카웨이커스 멤버들은 모두 흩어져 본 무대를 향해 나아갔다.

"대한문에서 광화문까지는 평소에 5분밖에 안 걸리는데 그날은 사람들 사이를 비집고 무대까지 가는 데 두 시간이 걸리더라고요. 공연을 못 할 뻔했어요. 그렇게 겨우 무대에 올라갔는데, 거기서 바라보는 풍경은 말로 설명할 수 없는 감동이었어요. 스카웨이커스라는 밴드를 처음 시작할 때는 꿈이 무척 소박했어요. 부산의 작은 클럽에서 공연할 수 있으면 좋겠다고 생각했으니까요. 활동하다 보니

2016년 11월 광화문 민중총궐기에서 공연하는 스카웨이커스

공연하는 광혁   사진 ⓒ 김주찬

락 페스티벌에도 올라가고, 일본, 대만, 태국 이런 곳에도 초청을 받
아서 해외 공연도 가고…. 그 과정에서 얻는 감동도 적지 않았어요.
그런데 그날은 좀 달랐어요. 100만 명이 만들어낸 끝이 보이지 않는
행렬이 눈앞에 있었죠. 그 앞에서 공연을 하는데… 그때의 함성은 들
리는 게 아니라 보이는 존재였어요. 이러려고 우리가 10년 동안 트럭
에서 그렇게 열심히 공연을 했구나 하는 생각이 들더라고요."

　대중문화 테두리 안에 있었다면 해보지 못했을 경험이었다. 광
혁은 그날 이후 인디 음악에 대해 더 본질적인 질문을 던지게 되었고
세 가지 바람도 생겼다. 오래 활동하고, 자유롭게 음악 하고, 집에서
멀지 않은 곳에서 활동하는 것이다. 그런데 이 세 가지를 하려면 자
체적인 음악 생산 수단을 가지고 있어야 했다. 그리고 한 가지 더, '시
장'이 필요했다.

행동하려는 곳은 '흥'을 찾는다

10년이 훨씬 넘게 집회 현장에서 공연으로 연대하고 실천해왔기에 스카웨이커스는 촛불 스타, 트럭돌(트럭 아이돌)로도 알려진 유명 인사가 되었다. 그 시간 동안 다양한 일터의 노동자들을 만났고, 투쟁의 결의를 신나게 높여야 하는 곳에서 그들을 찾았다. 광혁은 자신들의 음악을 가장 많이 찾아 주는 노동 현장을 1순위 시장으로 생각했다. 노동자들이 스스로 노동예술을 생산하고 소비하는 주체가 될 수 있다면, 촛불 광장의 열기에 불을 붙였던 부산 뮤지션들의 첫 번째 고객이 되어줄 수 있지 않을까 싶었다.

"루츠레코드는 크루 개념으로 시작한 단체라면, '노동예술지원센터 흥'은 처음부터 끝까지 잘하고 싶다는 마음으로 준비했던 조직이죠."

잘하고 싶은 마음만큼 스트레스도 컸다. 흥 준비기와 1년차 때 노동 현장에서의 예상치 못한 반응과 그에 따른 사업 변경으로 꽤나 속앓이를 했다. 반면 흥을 중심으로 예술인 인프라와 네트워크가 점점 확장되면서 동료 예술가들에게 '노동'을 주제로 협업을 제안하기도 했다. 물론 그것도 늘 순탄한 건 아니었다. 예술인 각자가 사유하고 몰두하고 있는 주제가 있기 마련이고, 표현방식 또한 자기 색깔이 분명한 경우가 많기 때문에 주제를 노동으로 한정 지어 제안하는 것에 대한 부담감도 없지 않았다. 하지만 처음이 힘들지, 흥이 만들어가고자 했던 것들이 점점 현실화되고 몇 가지 협업 사례가 쌓이니 그걸 바탕으로 나중에는 자신 있게 제안할 수 있었다. 광혁은 흥 대표를 내려놓은 요즘에야 흥 활동으로 자신도 모르게 쌓인 자원이 얼마나 큰 것인지 자주 느끼게 된다.

"책임감도 커지고 시야도 넓어졌어요. 문화예술인, 시민사회 단체, 노동 단체와의 접점도 많아졌고요. 레이블 운영할 때보다 성장한 지점은 대책 있는 유연함을 지니게 되었다는 것이랄까요. 예전에 제 사고방식이 유연하기만 했다면, 지금은 방향성 있는 유연함을 견지하려고 노력해요."

광혁은 흥을 시작할 때부터 사업을 운영하고 총괄하는 집행위원장으로 시작했다. 내가 둘째아이 임신과 출산으로 대표 역할을 제대로 수행하기 힘든 상황이 되자, 시작부터 끝까지 사실상 광혁이 흥의 대표로 많은 역할을 수행해야 했다. 후배들을 이끌고 누구도 가보지 않은 길을 간다는 것은 단순히 개인적인 도전을 넘어 생계에 대한 책임과 부담이 되지 않을 수 없다. 그래서였을까 몇 차례의 번아웃이 찾아왔고, 3년차쯤 되었을 땐 공황장애의 징후도 나타났다. 반강제로 2019년에는 안식년을 가졌다. 자칭 타칭 워커홀릭 광혁은 쉬는 기간에도 무언가에 집중하곤 했다. 일 대신 자신의 정신과 감정에 집중하는 시간은 오랜 기간 미뤄왔던 이광혁의 음악으로 수렴되었다.

"흥 이전의 예술활동은 그냥 내가 할 수 있는 것을 최대한 하는 거였어요. 흥을 만든 후에 고민한 예술은 내가 할 수 있는 것을 사회와 연관 짓고, 주어진 재료로 새로운 것을 만드는 거고요. 흥을 나오고 나서는 '내가 진짜 하고 싶은 게 뭐지?'라는 질문을 처음으로 깊게 해본 것 같아요. 쉬는 동안 그 답을 찾기 위해 다양한 시도를 하면서 노하우가 더해져 '루츠리딤'의 음악을 만들 수 있었어요. 작업에 대한 만족도가 높아지기도 했고요. 흥을 운영하던 3년 동안 개인적인 예

스카 밴드 '스카웨이커스'　　　　　　　　　　　사진 ⓒ 스카웨이커스

술활동에 전혀 집중을 못했는데, 나오고 나서 예술에 대한 몰입도가
높아졌어요. 오랜만에 즐거운 경험을 했죠."

부산에서 오랫동안 노래하고 싶어서

"스카웨이커스는 왜 서울에서 활동 안 하나요?" 이광혁이 스카웨이
커스를 하면서 가장 많이 받은 질문이다. 오디션 프로그램이 유행하
던 시절에는 "슈스케 왜 안 나가요?"라는 질문을 수차례 들었다. 지
인들은 스카웨이커스가 성공(?)하길 바라는 마음에서 건네는 질문이
겠지만, 그때마다 오히려 되묻고 싶었다. 음악으로 성공하려면 왜 서
울에 가야 하고, 오디션에 나가야 하고, 전업해야 하느냐고….

　"부산에서 서울로 올라간 뮤지션이 꽤 많은데 간다고 해서 뭐가
해결되지는 않아요. 솔직히 말하면 바늘구멍 통과하는 거죠. 레드
오션이 된 지 오래고, 살아남기도 힘들어요. 음악 하려고 서울 올라

갔다가 음악 그만두고 다른 일 하시는 분들 많이 봤어요."

음원 유통 사이트에서는 인디 음악을 한 장르로 끼워놓았지만, 인디 음악은 장르가 아닌 '음악에 대한 태도' 혹은 '자기 입장'(자립)의 음악적 산물이다. 자본력 있는 큰 회사에 속하지 않고 자신의 음악 세계를 구현해나가야 하기 때문에 작은 회사를 만들거나 스스로 마련한 재원으로 소량의 앨범을 제작하고 최소한의 홍보를 한다. 혹자는 2000년대 중후반부터 다양한 미디어 플랫폼을 통해 자신의 음악을 표현하는 콘텐츠를 퍼트릴 수 있는 조건이 좋아졌다고 말한다. 더불어 인디 뮤지션들도 자신의 음악을 알릴 기회가 더 많아진 것 아니냐고 생각할 수도 있다. 소비자 입장에서도 선택의 범위가 넓어지고 접근이 쉬워진 것은 사실이다. 하지만 여전히 소비는 편중되어 있다.

"우리나라 사람들은 대부분 온라인 플랫폼에서 음악을 소비해요. 공연장 잘 안 가시잖아요. 인디 밴드 뮤지션들이 아무리 하고 싶은 음악을 자유롭게 한다고 해도, 내가 만들어내는 콘텐츠를 누군가 봐주지 않으면 활동할 맛이 떨어집니다. '마니아' 층이 없기 때문이죠. 마니아를 만들고 싶어도 할 수 있는 거라곤 음악을 만들어 음원 플랫폼에 파는 일밖에 없는 구조예요. 근데 파는 곳이 너무 한정되어 있어요. 음원 사이트들은 돈을 밝혀요. 그래서 뮤지션들은 자신이 하고 싶은 음악을 해야 할지 사람들이 좋아하는 음악을 해야 할지 항상 갈등을 하죠. 그러다 보면 대부분 후자로 갑니다. 팔아야 하니까요. 음원 사이트에 내 곡을 올려서 가치를 인정받고 싶은 음악가들은 결국 사람들이 좋아하는 음악을 만들 수밖에 없게 되는 거예요."

홍의 발자취를 모으는 작업을 하러 홍 작업실에 머물면서 광혁을 이따금 마주쳤다. 부산에서 여전히 음악과 문화운동을 하고 있는 그에게 홍의 구성원들은 더없이 소중한 동지이자 사업 파트너이다. 워커홀릭답게 여전히 분주해 보이는 그에게 슬쩍 말을 걸면, 또 특유의 흥을 내뿜으며 요즘 손 대고 있는 일들을 줄줄 읊는다. 그러다 예전에 지나가듯 들었던 뮤지션 협동조합 이야기를 다시 듣게 되었다. 협동조합 발기인이 거의 다 모아져서 출범을 앞두고 있다고 한다. 농사짓는 농부들의 직판장 역할을 하는 직거래 장터처럼 부산에서 음악하는 관계자들(뮤지션, 클럽 운영자, 디자이너, 레이블 운영자, 음반 기획자 등)이 생산하는 콘텐츠를 내다 팔 시장을 만드는 일이다. 안식년에 쉬지 않고 잔뜩 궁리한 모양새다.

부 산 음 악 생 산 자 협 동 조 합

이광혁은 '부산음악생산자협동조합'을 준비하고 있다. 홍을 그만두고 뮤지션으로 자기 음악에 집중할 수 있어서 좋다고 할 때는 언제고 또 조직을 만든다니.

"누나, 음악 열심히 만들면 뭐 합니까, 팔 시장이 없는데. 우리가 열심히 만든 음악을 사서 들어줄 사람이 있어야 계속 음악 할 수 있잖아요."

'열심히 만들면 누군가는 들어주겠지, 언젠가는 내 음악을 알아주겠지'라고 생각하는 동료들을 만날 때마다 안타깝고 답답했다. 대규모 음악 시장만 존재하고 인디 밴드를 위한 시장은 존재하지 않는 그야말로 승자 독식 시스템 안에서 자신의 음악을 한다는 건, 그냥 취미 삼아 자기 위안조로 노래하는 게 아닌 이상 지속하기 힘든 구조이기 때문이다. 광혁 특유의 '흥'에 '분노'가 더해졌다.

"되든 안 되든 만들어보고 싶었어요. 제가 이걸 안 만들면 저뿐만 아니라 앞으로 부산에서 음악 하는 사람들은 계속 고통 받을 게 뻔한데 어떻게 가만있어요?"

"그래, 넌 절대 가만있을 사람이 아니지. 내가 궁금한 건 왜 또 조직 만드는 일로 시작하느냐는 거야. 흥은 그나마 너와 지향이 비슷한 후배들이 함께했기 때문에 가능한 부분이 있었지만, 이건 더 다양한 사람들을 설득하고 움직여야 하는 일인데 힘들지 않겠어?"

"흥은 시장을 개척하려고 했던 적이 없었던 것 같아요. '뜻을 함께하는 사람들이 주변에 많으니 당연히 사주겠지'라는 애매한 마음만 있었죠. 이제는 어떻게 시작해야 할지 좀 알 거 같아요."

광혁이 흥을 운영하면서 느낀 것 중 하나는 '시장 전략'의 중요성이었다. 흥이 만든 노동예술 콘텐츠를 팔 시장은 당연히 노조와 노동자들이라 생각했고 열심히 생산에만 주력했다. 콘텐츠를 소비할 주 타깃층과 그에 맞는 마케팅 전략이 부재했음을 깨닫는 데까지는 그리 오랜 시간이 걸리지 않았다. 이런 점은 흥이 3년차에 접어들어 '노동예술지원센터'라는 단체명을 바꾸기로 고민하게 된 계기가 되었다. 흥이라는 조직은 콘텐츠를 제작하는 데 집중했다면, 광혁이 이번에 만들 뮤지션 협동조합은 제작사가 아닌 이해관계자들이 직접 시장 개척에 주력한다는 데 방점이 있다. 발기인들을 보면 부산 인디 음악 레이블, 클럽 사장님, 대안 공간, 음악 기획자, 밴드 등 시장 개척이 절실한 당사자들이다. 코로나19로 그 어느 해보다 어려운 시기지만 그래서 더 절실해졌다고 했다. 광혁은 공공과 민간 영역 둘 다 시장으로 바라보고 있다.

광혁은 우선 공공 영역에서부터 지역 인디 음악이 공공재로 쓰여야 한다는 생각에서 이를 위해 정책적으로 접근하는 시도를 해볼 생각이다. 부산시청부터 부산 음악을 활용하는 것이다. 영화 산업에서 한국 영화 스크린 쿼터제를 도입한 것처럼 각종 지역 축제와 관공서 행사부터 지역 음악을 일정 부분 소비할 것을 조례로 강제하는 것, 듣고 보니 불가능한 것도 아니었다. 광혁은 시민들에게 부산 음악을 알리는 것부터 시작하고 싶다고 했다. 추후에는 부산 인디 음악과 관련한 모든 콘텐츠를 즐길 수 있는 통합 플랫폼을 구축할 생각이다. 그 플랫폼 안에서 콘텐츠를 성실히 생산하는 것은 생산자 각자의 몫이다. 일종의 음원 직거래 장터인 셈이다.

흥을 통해 노동자를 위한 새로운 노동예술 콘텐츠를 만들었다면, 현재는 노래하는 노동자가 되어 당사자 운동을 하고 있다. 지역에서 예술 노동을 열심히 함으로써 생계를 유지하는 삶은 가능할까? 한 번도 경험해보지 못한 예술 생태계를 만들어가는 일을 본격적으로 해볼 생각이다. 이 또한 눈에 보이는 성과를 내기 어렵고 다방면의 노력이 필요한 일이지만 늘 그래왔듯이 광혁은 기꺼이 마중물을 만드는 사람이 되기로 했다.

"서울의 어느 음악 평론가께서 요즘 같은 세상에 지역이라는 구분이 왜 필요한가, 누구든지 플랫폼에 콘텐츠를 선보일 수 있는 시대에 지역 음악이 존재하느냐고 하셨어요. 그분은 지역에서 음악 활동을 해 보셨는지 묻고 싶어요. 유튜브에서 뜨는 사람들 대부분은 서울에서 음악 하거나 서울의 대형 기획사에 소속되어 활동하는 뮤지션들이에요. 지역에서 음악 하는 뮤지션들은 음악 활동만으로는 먹고살기 힘들어요. 음악가들의 생계를 해결하는 것에 대한 산업적 토대를 만드는 일이 선결되어야 한다고 생각해요. 비록 제가 성공을 보장할 수는 없지만, 이 일을 추진하는 것에 대해 반대할 명분도 없다고 생각해요."

돌아보니 이광혁은 어느 누가 닦아놓은 기반에서 일을 시작한 적이 거의 없다. 대학 문예패 출신 후배들과 시작한 인디 밴드도 그랬고, 레이블 기획사도 마찬가지다. '흥'을 만들어서 예술하는 노동자와 노동하는 예술가들을 연결했고, 동시에 대학가 클럽을 열어 부산 인디 음악 씬을 놓치지 않으려 애쓰고 있다. 기반을 만드는 다양한 실험을 해온 것에 대해 그는 이렇게 말한다.

"아, 이건 이렇게 하면 안 되겠구나, 하는 걸 지금까지 배운 것 같아요. 이제 제대로 다시 시작해보려고요. 부산음악생산자협동조합도 어느 정도 기반이 만들어지고 성과가 쌓이면 저는 다시 다른 역할을 하러 떠날 거예요. 고인 물이 되긴 싫거든요."

윤석현_
서른 너머에서 맞이한 사춘기

그림 그리는 뮤지션

윤석현은 흥 설립기에 사무국장을 도맡아 했고, 지금은 흥의 브랜딩과 홍보 콘텐츠를 담당하고 있다. 인디 밴드 윙크차일드태퍼스Wink Child Tappers와 밴드 '흥'에서 드러머로 활약 중이다. 취미 삼아 그리던 드로잉 실력을 업그레이드하여 사회 문제를 다루는 웹툰 작가로도 활약했고, 흥 앨범 『그럼에도 불구하고Nonetheless』에서 젠트리피케이션과 난개발을 주제로 곡도 썼다.(이 곡은 멤버들 사이에서 칭찬이 자자하다.) 이쯤 되면 그야말로 재능 부자 아니겠는가.

책 작업을 위해 흥 사무실을 방문한 날 아침, 석현은 내게 반갑게 인사를 건네며 퇴근 준비를 하고 있었다. 밤새 사무실에서 웹툰 작업을 하고 나서는 길이지만 발걸음이 무거워 보이지 않았다. 이런 생활 패턴에 꽤나 단련된 듯한 포스였다.

석현은 일상의 풍경이나 이미지를 붙잡아두고 잡생각을 많이 하는 편이다. 뭔가 영감을 주거나 간직하고 싶은 그림과 이미지는 사진첩이나 SNS에 그때그때 저장해놓는다. 가끔 스트레스 받을 땐 혼자 만화방에 가는데, 만화도 스토리를 떠나 한 컷 한 컷 공들여 보곤 한다. 이미지를 관찰하는 것 자체가 석현에겐 재미있는 일이었다. 그에 반해 음악에는 크게 관심이 없었다. 딱히 좋아하는 가수나 노래가 있는 것도 아니고 친구들이 듣는 음악 같이 듣고 노래방 가자면 따라가는 정도였다. 그러던 석현이 지금은 밴드에서 드럼을 치고 있다.

"드럼은 교회에서 배웠어요. 전 기타를 배우고 싶었는데 찬양팀을 담당한 형이 드럼 칠 사람이 없다고 드럼을 가르쳐주더라고요. 그때 처음으로 제가 박치라는 걸 알았어요. 한동안 반주를 하면서 드럼을 쳤는데 박자 때문에 핀잔을 많이 들었죠. 대학에서는 기타를 배우려고 민중가요 노래패에 들어갔는데 그때도 드러머가 부족하단 이유로 드럼 연주를 맡게 됐어요. 드럼과 뭔가 연이 있나 봐요."

밴드 음악을 좋아하는 동아리 선배의 추천으로 밴드 음악도 많이 접하게 되었고, 조금씩 찾아 듣기 시작했다.

"그럼에도 음악을 많이 듣는 편은 아니에요. 평소엔 음악보다는 팟캐스트 방송을 자주 들어요. 음악보다 사람들 말소리 듣는 게 더 좋거든요. 음악은 진짜 가끔 듣고 싶을 때나 들어야 할 때 들어요. 그렇다고 음악을 싫어하는 건 아니고요. 최근엔 음악을 만드는 작업에서 재미를 느끼고 있어요."

품고 있던 말을 가사로 뱉어내고 자신만의 감성을 멜로디로 표현하는 작업이 묘한 재미를 주었다. 밴드 공연할 때 느끼는 희열과는 또 달랐다. 석현은 요즘 곡 작업이 제일 신난다며 조만간 그의 노래로 앨범을 내보고 싶다고 했다.

미안한 마음으로 시작한 학생운동

석현은 새내기 때만 해도 대학문화나 세상 돌아가는 일에 크게 관심이 없었다. 그러다 우연히 기타도 배울 수 있다는 말에 동아리 활동을 시작하게 되었다.

"'민중가요'라는 것도 동아리 들어가서 처음 접했어요. 뭔가 되게 예스러운 노래들을 다 같이 부르는 모습이 꼭 종교활동 같기도 했고요. 선배들이 잘 챙겨주고 새로운 친구들도 만나는 게 재밌어서 계속했죠. 그러면서 노래패와 민중가요의 역사를 알게 되고 자연스레 한국 근현대사까지 관심을 가지게 됐어요."

석현은 새내기 때 지켜본 11월 민중대회에 대한 기억을 꺼냈다. 동아리 선배가 민중대회에 같이 가보자고 제안해서 흔쾌히 그러마고 했는데, 엄마에게 민중대회 다녀오겠다고 했다가 꼼짝없이 붙잡혔다. 당시 뉴스에서는 민중대회에 강경 진압이 예상된다는 소식이 흘러나왔다.

"엄마 말씀대로 가지 않았죠. 실제로 그날 집회 참가자들에게 물대포를 발사하고 아는 선배도 두 명이나 연행됐어요. 동기에게 현장 상황에 대해 들었는데 가지 않은 걸 정말 후회했어요. 분노보다는 미안함이 컸던 것 같아요. 그 후로 웬만한 집회는 다 참석했어요. 부모님께는 솔직히 다 말씀드렸는데 크게 제지는 없었어요. 지금 생각해보니 민중대회는 제가 아무런 입장 없이 그저 가겠다고 해서 더 강경하셨던 거 같아요."

석현은 2학년이 되어 동아리를 운영하는 주체가 되면서부터 본격적으로 동아리 활동에 집중했다. 새내기를 모집하는 것부터 정기 일정을 준비하고 연례행사를 진행하는 데 모든 힘을 쏟았다.

"동아리 활동이 곧 삶이었어요. 3학년 때는 부산대노래패연합이라는 연합체 간부가 되었어요. 저는 교양 사업을 담당하는 주체였는데, 동아리들을 돌며 사회 문제에 관해 해설도 하고 계획된 집회에 대해 알리고 조직하는 일을 주로 했어요. 쉽지 않았어요. 내용을 주입하고 가르치는 것이 아니라 듣는 사람의 마음을 얻는 것이 중요한데, 그때는 나이가 어렸음에도 당위적으로 접근했던 것 같아요. 많이 서툴렀죠. 진심은 그게 아닌데 듣는 사람 입장에서는 집회나 투쟁에 동원하려는 느낌을 많이 받았을 거예요. 저는 저대로 후배들의 미지근한 반응에 실망했고요. 그런 점이 제일 큰 고민이었어요."

5년에 걸쳐 문예패 활동을 했지만 문화예술 운동에 대한 고민은 깊지 않았고, 활동이 끝나면 취직을 할 생각이었다. 그때까지만 해도 연주자나 창작자 또는 운동가로서의 정체성을 떠올려본 적이 없다.

"문예패연합 의장 임기가 끝나고는 총학생회 사무국장을 맡았어요. 그러면서 문예활동과는 기리가 멀어졌죠. 그러다 총학생회 임기가 끝나갈 무렵에 문예패 활동을 했던 후배들이 밴드를 해보자고 제안했어요. 결심하기까지 우여곡절이 있었지만, 결국 밴드를 하게 됐죠."

문예 일꾼에서 인디 밴드 뮤지션으로

석현에게 민중가요와 밴드 음악은 인생의 전환점이었다. 민중가요를 통해 세상의 부조리함을 알게 되었고, 밴드 음악을 하면서 음악을 직접 만들 때의 기쁨을 느끼게 되었다.

"특정 형태나 장르를 싫어하거나 좋아하진 않아요. 그냥 부담 없이 제 음악을 하고 싶어요. 하고 싶은 대로 가사 쓰고 멜로디 만들고 노래 부르고 싶어요."

석현은 최근 홍 멤버 전원이 제작에 참여한 EP 앨범『그럼에도 불구하고』에서 〈빨간 글자〉라는 곡을 만들면서 그 기쁨을 만끽한 듯했다. 자기 자랑을 잘 안 하는 편인데 이 노래를 꽤 길게 소개해주었다.

"2021년에 발매된『그럼에도 불구하고』의 타이틀 곡이에요. 제가 썼어요! 장르에 구애받지 않고 쓰고 싶은 대로 쓴 곡들 중에 첫 번째로 발매된 곡이기도 해요. 그래서 더 애정이 가요. 용산 참사와 궁중족발 투쟁을 생각하며 썼어요. 앨범명처럼 불평등이 만연한 우리 사회의 면면을 보여주면서도 희망을 말하고 싶었죠. 수록곡 대부분 변화를 만들어가는 사람들이 함께 노력하고 있다는 메시지를 담고 있어요. 용산 참사는 제가 대학교 3학년 때 일어난 일이고, 지금도 잊히지 않아요. 궁중족발 사장님 부부는 건물주의 횡포로 쫓겨나고 투쟁 과정에서 사장님의 손가락이 절단되기도 했어요. 개발과 발전의 논리에 불합리하게 쫓겨나고 죽어가는 사람들, 누구를 위한 개발과 발전인지 정말 화가 나서 그 분노를 노래에 담았어요. 후렴구가 '있다 여기 지금 사람이 있다'인데요. 용산 참사 때 불타는 건물 안에 계

석현이 만든 노래 〈빨간 글자〉

시던 분이 외친 말입니다. 이후에 용산 투쟁의 구호로 계속 쓰이기도 했죠. 이 문장이 모든 걸 함축하고 있다고 생각해요. 노래를 직접 들어보시면 좋겠습니다."

석현이 학교에서 문예활동을 하던 시기에 생각했던 예술은 사회를 변화시키기 위한 메시지를 전달하는 매개 활동이었다. 노래패 활동을 하고 공연을 기획할 때 사회 현안을 반영하는 것에 신경을 많이 썼고, 창작을 할 때도 사회 문제에 대한 자신의 생각을 고스란히 담아내려고 노력했다. 요즘은 그때와 달리 예술을 통해 내면과 소통하는 일에 집중하고 있다.

"창작 과정에서의 감정과 생각이 예전과는 다르게 와닿는 것 같아요. 이젠 나를 둘러싼 세계에 더 들어가보려고 해요. 밤을 새기도 하는데, 몸은 지쳐도 정신은 더 맑아지는 느낌이에요."

홍을 시작하다

석현은 홍을 시작할 때 사무국장이었고, 지금은 그 역할을 다른 멤버들에게 나누어주고 브랜딩과 홍보를 담당하고 있다. 동시에 사회 문제를 소재로 한 웹툰 콘텐츠를 만드는 창작자로서도 활약 중이다.

"요즘 들어 홍 활동뿐만 아니라 모든 면에서 스스로 보람과 만족감을 느끼며 살고 있는지 자주 생각해보게 됐어요. 다른 홍 멤버들은 어떤 보람을 느끼며 살고 있는지 궁금하기도 하고요."

홍을 시작했을 때보다 오히려 요즘 더 고민이 많다. 최근 예비사회적기업으로 인증받은 후, 보다 안정적인 구조와 체계를 마련하기 위해 내부 토론도 한창이다. 홍의 역사를 처음부터 함께 만들어온

석현은 우리가 '왜' 흥을 시작했는지 구성원들에게 다시금 질문하곤한다. 석현이 우려하는 것은 뭘까?

"시스템이 갖춰지면 사업 확장 기반은 마련되겠지만, 자칫 일반 직장이나 회사처럼 되는 건 아닐까 싶기도 해요. 사실 지금도 사업이 많을 때는 각자 일만 하게 되는 경우가 있거든요. 저 역시도 개인적인 작업이 많다 보니 함께 공연할 때 외에는 계속 혼자서 작업하고 있더라고요. 그렇게 자기 일에만 몰두하다 다른 동료의 고민을 모른 채 지나가진 않을까, 경계되는 부분이에요."

흥의 존재를 상상하기 전에는 지하철공사 노동자로 세상을 변화시키는 일에 동참하고 싶었다. 학생운동의 연장선으로 사회에 나와서도 흥처럼 문화예술로 운동을 할 수 있는 장이 있으리라고는 전혀 생각지 못했다. 그런데 어느 날 선배들과 함께 흥을 만들었고, 활동과 생계 문제를 따로 고민하지 않는 방향으로 운영되고 있다. 물론 여전히 온전히 자립하기 위한 해결 방법을 찾아야 하는 기로에 서 있다. 석현에게 흥 1년차는 무엇이든 해보려고 했던 시기였다. 아름다운재단 인큐베이팅 지원으로 3년 동안 흥이 할 수 있는 시도를 힘껏 해보고 만나고자 했던 사람들을 최대한 만났다. 그리고 어느덧 4년차가 지나고 있다. 물론 지난 3년간 노동자들과 함께한 문화예술 활동이 결코 쉽지만은 않았다.

"흥 준비기에는 모두 치열하게 고민했고, 지금껏 없던 형태의 조직을 준비한다는 것만으로도 기대가 컸어요. 그리고 지금 우리는 분명 성장했고, 사업의 규모도 커졌죠. 지역 내 인지도도 높아지고요. 하지만 그럴수록 저 자신은 어디서 동력을 얻을 것인가 고민이 됐어

집회 현장에서 드럼을 연주하는 석현

사진 ⓒ 이윤경

요. 지난해는 제 스스로의 성장 그래프가 좀 낮아졌어요. 정체된다고 느끼기도 했고요. 결국은 노동운동 안에서부터 문화예술 활동에 대한 요구가 있고 해보고자 하는 사람이 있어야 근본적인 변화가 가능하단 생각이 들었죠.

　노동자는 일상에서 문화와 예술을 향유하기도 쉽지 않은데, 예술활동을 직접 하기란 더더욱 어렵죠. 간담회에서 이야기를 나눠보고 그 상황을 더 절감했어요. 일정한 노동의 강도를 감내하면서 노조활동을 위해 모이는 것조차 겨우 짬 내서 해야 하는데, 예술활동을 하는 건 얼마나 어렵겠어요. 설령 기회가 되어 문화예술 교육이 몇 회 이루어진다 해도 다시 본인의 일상으로 돌아가면 지속되기가 어렵죠. 세상이 바뀌어야 가능하겠다는 생각도 들었어요."

　흥은 2년차까지 노동자들이 직접 예술활동을 펼칠 수 있도록 교육이나 간담회, 동아리 컨설팅 등을 했고 결과물도 함께 완성해냈다. 다음 단계로는 노동의 가치와 메시지를 예술로 전달하는 것에 더욱 주력하기 위해 예술가의 시선에서 노동 문제를 다루는 시도도 했다. 석현은 2년차에 들면서 예술인 조직 사업에 집중했다. 지역에서 활동하는 예술 단체와 다양한 장르의 아티스트를 꾸준히 만나면서 협업할 수 있는 접점을 만들어가고 있다. 예술인들과의 만남은 이제 석현에게 예술가 조직 사업이라기보다 스스로의 숨통을 틔우는 기회가 된 것 같았다.

"지역 예술가들과 얘기하다 보면 제가 평소 생각하지 못했던 관점이나 질문을 제시해주세요. 그게 저에게는 신선한 자극이 되었어요. 최근에는 시각예술하는 친구를 만났는데, 예술가로서 자기만의 원칙이 있는 면모를 보면서 예술가의 태도에 대해 다시 생각해보게 되었어요. 술도 한잔하면서 이런저런 이야기를 나누다가 요즘엔 같이 스터디도 하고 있어요."

흥 사업이 확장되면서 다양한 용역 사업을 수행하게 되었고 석현 역시 묵직한 과업들을 도맡아 한 탓에 피로가 많이 쌓였다. 영감을 표현하는 작업이기보다 해야만 하니까 하는 작업이 되니 예술과 비예술의 경계를 구분 짓기 어려워지고 스스로에게 질문하는 일이 많아졌다.

"온전하게 혼자 기획하고 실행하는 예술 작업을 해보고 싶어요. 흥 사업은 계속하겠지만, 한편으론 노래든 그림이든 깊이 있게 고찰하고 표현하는 작업을 해보고 싶어요. 제 첫 곡인 〈빨간 글자〉는 동료들의 피드백도 좋았고 내가 얘기하고 싶은 것에 집중했던 작업이었죠. 밴드 '흥'의 노래는 보통 라이브 위주의 곡인데 제가 만든 노래는 음원용에 가깝지만, 저는 만족스러워요. 그전까지는 클라이언트가 요구하는 방향에 맞춰 콘텐츠를 만들어야 했는데, 이런 곡 작업을 하고 나니 오롯이 제 작품을 해보고 싶다는 욕심이 생겼어요."

흥 과 함 께 성 장 하 다

석현은 대학 시절부터 사람을 만나고 대하는 것이 쉽지 않았고, 특히 나 새로운 만남은 매번 어려웠다. 첫 만남의 긴장을 풀려고 술기운을 빌려 대화를 풀어나간 적도 많았다. 하지만 지금은 굳이 술이 필요 없을 정도로 흥 멤버들뿐만 아니라 예술인들과의 만남도 즐기게 되었다.

"지역 예술인들을 찾아 먼저 연락하고 만나는 과정이 좋았어요. 같이 해보자고 하시는 분들을 만날 때는 더 기쁘고요. 기영과 준호 대표가 이끄는 운영팀에서 조직 사업을 많이 해요. '사회적 예술'이라 는 키워드를 가지고 예술인들을 만나고 작업도 하고 실천적인 행동 도 시도하고 있어요. 최근에는 미군 세균 실험실 관련해서 기자회견 도 하고, 크라우드 펀딩도 했어요. 김유리 작가님, 박자현 작가님이 같이해주고 있어요. 김유리 작가님에겐 재난 상황에 대한 경각심을 주는 디스토피아 단편 소설을 부탁드렸고, 박자현 작가님에겐 일러 스트를 부탁드렸죠. 두 분은 저희랑 지속적으로 만나기도 했고 세균 실험실 문제의 심각성에 많이 공감해주셨어요."

예술인들은 이미 자신이 관심을 두는 주제로 작업을 하고 있는 경우가 많기 때문에, 흥이 제안하는 예술행동 주제나 미션에 선뜻 동참하는 것이 쉽지만은 않다.

"전국의 미디어 활동가들이 '미디어로 행동하라'라는 프로젝트를 매년 진행한다고 알고 있어요. 그것처럼 부산 지역 예술인들도 현장에서 만나 공동 작업을 해봤으면 좋겠어요."

석현은 지역 예술인들과 결합하는 프로젝트를 구상하고 있다. 관계 맺기의 '어려움'이 '즐거움'으로 전환되어 새로운 문화예술행동의 실천으로 이어지고 있는 것이다.

"지난 3년간 흥에서 저는 다양한 측면에서 성장했다고 생각해요. 무엇보다 사람에 대한 마음가짐이 달라졌고, 스스로 우러나서 다짐을 하는 일이 많아졌어요."

석현이 자신의 껍질을 깨고 나오기까지는 이광혁 대표의 솔직하고 따끔한 비판이 많은 자극을 주었다.

"광혁 선배는 지역에서도, 흥 안에서도 정말 큰 존재잖아요. 특히 초기 단계에서 중요한 역할을 하셨죠. 광혁 선배가 신랄한 조언과 평가를 할 땐 비수처럼 꽂혀서 힘들 때도 많았어요. 하지만 제 스스로 회피하는 것들, 저의 취약점을 정확히 짚어내어 비판해준 형 덕분에 정체되지 않을 수 있었어요. 사람 관계에 대해 처음으로 심각하게 고민하고, 자신을 돌아볼 수 있게 해주었죠."

광혁의 뒤를 이은 준호 대표의 소통 방식 역시 처음엔 낯설었다.

"좀 낯설고 오글거리긴 했지만, 저를 비롯해 다른 동료들에게 좋은 영향을 많이 미쳤다고 생각해요. 요즘 '더 친(해지기 바라)'이라는 내부 프로그램을 진행하는데, 흥 멤버들이 매주 제비뽑기를 해서 두 명씩 짝이 되어 밥을 먹든 차를 마시든 시간을 같이 보내고 오는 거예요. 한번은 준호랑 짝이 되었는데, 그때쯤 저는 혼자 마음속으로 '나를 찾아 떠나는 여행'을 하고 있었어요. 한마디로 방황 중이었죠. 그런데 준호가 저를 황령산 꼭대기에 데리고 가서 봉수대 야경을 보여주더라고요. 탁 트인 풍경이 너무 좋았어요. 뭔가 그럴듯한 이야기를 해주려는 게 아니라, 마음을 써서 저를 그곳에 데리고 가서 애정 어린 행동과 말을 보여준 것만으로도 고마웠어요. 그 이후로 일상에서 사람에 대한 애정을 표현하는 게 왜 중요한지 알게 됐어요."

인터뷰를 하기 한두 달 전쯤 석현은 멤버들에게 "사춘기가 왔냐"는 소리를 들을 정도로 질풍노도의 시간을 지나왔다고 했다. 자신에게 집중하고 싶다는 마음이 차올랐고, 살면서 가장 많은 질문을 스스로에게 던졌다. 여전히 답을 찾고 있지만, 또 다른 성장의 지점에 있음을 인정하며 서두르지 않고 앞으로 나아갈 준비를 하고 있다.

"석현은 이 책을 어떤 사람이 읽었으면 좋겠어?"

"저 같은 사람이요. 사회에서 요구하는 대로 교육받고 짜인 틀 속에서 자신의 욕망을 인지하지 못한 채 살아온 사람들이요. 저는 남들이 사춘기를 겪는 시기에 부모님과 갈등이 거의 없는 청소년이었어요. 그러다 여러 사람들을 만나면서 이제 인생의 전환점을 맞이하고 있는 거죠.

우린 천재거나 능력이 뛰어나서 이런 일을 하는 게 아니에요. 저 같은 평범한 사람도 저마다의 예술로 일상을 변화시킬 수 있다고 믿어요."

최동환_
멋진 사람 곁에서 멋진 사람으로

명박산성을 오르다 만난 희망

부산대 문예운동을 함께 일구었던 후배들은 최동환을 늘 확신에 차 있는 강건한 선배로 기억했다. 촛불을 든 시민과 노동자의 편에서 〈이 땅의 주인은 우리〉를 시원하게 불러젖히며 흥을 '뽐뿌질'하는 동환은 노래패 선배에서 밴드 흥의 대표 보컬리스트로 성장하고 있다.

"대학 동아리 활동을 하기 전까지 정치와 문화에 관심이 거의 없었어요. 제 삶에 대해 진지하게 고민해본 적도 없었죠. 그저 어머니가 원하는 삶, 사법고시에 붙어서 성공한 삶을 살아야 한다는 마음으로 법대에 진학했어요. 우연한 계기로 법대 노래패 '쇳물'이라는 동아리 활동을 하게 됐어요. 스무 살짜리에게 동아리 선택은 선배들 영향이 크게 작용하기 마련인데, 잘 챙겨주는 선배님 따라 동아리방에 들어서자마자 말로만 듣던 '운동권'이라는 걸 바로 알겠더라고요. 그때 저는 백지 상태였기 때문에 긍정도 부정도 할 수 없었어요. 별 생각 없이 집회도 가봤어요. 기성 언론에서 보도하는 부정적인 집회 이미지만 있었는데, 실제로 가서 가만히 들어보니 너무나 당연한 이 야기였어요. 왜 저런 당연한 문제로 사람들이 투쟁해야 하는지 이해 가 안 됐죠. 집회 문화에 감동을 받거나 울컥했다기보다는 거기서 외 치는 이야기들에 귀를 기울이다 보니 사회 문제에 관심을 가지게 됐 어요."

동환은 인터뷰 내내 스스로가 감성적인 인간이 아님을 몇 번이나 강조했다. 교류 분석 같은 검사를 해봐도 합리성, 효율성을 중시하 는 그래프가 평가선을 뚫고 나올 정도라고 했다. 그러한 동환을 문 화예술 운동 분야에 존재하게 만든 몇 차례의 터닝포인트가 있었다.

"2008년에 '광우병 위험 쇠고기 수입 반대 촛불집회'가 100회를 맞아서 부산대 학생들도 서울 광장으로 올라갔어요. 제가 덩치도 있 고 힘이 세다 보니 대오의 깃발을 드는 역할을 맡게 됐는데, 정신없 이 뛰다 보니 어느새 부산대가 대오의 선두에 서 있는 거예요. 그 유 명한 '명박산성' 때문에 계속 뛸 수밖에 없었거든요. 뛰다가 어느 순 간 뒤를 돌아보니 8차선 도로에 시민들이 꽉 차 있고, 제 시야 끝까 지 시민들이 달려오고 있었어요. 그 광경을 보고 처음으로 '우와' 탄 성을 내뱉었어요. '여기 있는 사람들 좀 멋지다. 이 사람들 때문에 세 상은 바뀔 수도 있겠다'는 생각이 들었어요. 저는 전혀 감성적인 사 람도 아닌데 그날은 너무 감동이었어요. 요즘도 한번씩 '내가 왜 운 동을 하고 있지?' 하는 생각이 들 때면 그날을 떠올려요. 그때가 세 운동의 시작점이 되었다고 할 수 있죠."

멋진 사람 옆의 멋진 사람

최동환이 '리스펙트'하는 사람에 대한 이야기다.

"진짜 멋지고 훌륭한 사람들은 멀리 있지 않더라고요. 제 주변에 보통 사람이라고 생각했던 분들 중에 본받고 싶은 사람들은 다 운동을 하고 있었어요. 자기만의 주관과 신념이 있고, 조직적이고 헌신적인 사람들을 보면서 어느 순간 참 멋있다는 생각이 들었어요. 그런데 그들의 멋진 삶이 저라고 실현 불가능한 종류의 것이 아니더라고요. 그래서 그 사람들과 친해지고 싶어졌어요. 광혁이 형, 석현이 형 같은 사람들이요. 흥이 뭐 하는 곳인지 자세히 몰랐지만 함께하자고 제안하셨을 때 오래 고민하지 않았어요."

그렇게 멋있는 형들을 따라 쉬이 흥을 택했다. 사실 스무 살 이후 동환은 여러 번 중요한 선택의 기로에 놓이는 경험을 했다.

"첫 번째 갈림길은 운동권 동아리를 할 것인가 말 것인가 하는 거였어요. 학점 관리 잘해서 취직을 할까, 동아리에 들어가서 다양한 경험을 할까 고민했죠. 3학년이 되어서는 군대를 갈 것인가, 1년 동아리를 책임질 것인가 갈등했어요. 결국 1년 더 활동하고 갔어요. 부문연 의장, 총책임자를 해봐야겠단 생각이 들었어요. 제가 언제 200명 넘는 사람들과 함께해보겠어요. 조직을 운영하고 방향을 세우고 동료들과 다양한 사업을 하면서 좋은 경험을 쌓았어요. 제대하고 나서는 학교를 계속 다닐 것인가 학생운동 조직에서 제안한 역할을 더 할 것인가 고민이 됐어요. 사실 선배들이 제가 왜 그 역할을 맡아야 하는지 논리적으로 설득하지 않았기 때문에, 스스로 잘 동의가 안 되었죠. 그래서 동아리 생활을 점차 정리했어요."

동환은 그렇게 학생운동을 떠나 한동안 캠퍼스를 부유했다. 하지만 공동체에 속해서 활동하던 시간이 그리웠고, 광혁 선배를 비롯해 문예 일꾼 출신 선배들은 사회에서 어떤 선택을 하고 사는지 궁금하기도 했다.

"당시엔 롤 모델로 삼을 만한 스카웨이커스가 있었어요. 선배들을 만나러 갔더니 '너희는 왜 이런 거 안 해?' 하고 한마디 툭 던지시는데, 살짝 반발심이 생겼달까요. 그래서 저도 친구들이랑 밴드를 만들었어요. 그 정도 밴드는 우리도 만들 수 있다는 걸 보여주고 싶었던 것 같아요. 그런데 나중에 보니 당시 선배들도 딱히 실력이 좋아서 밴드를 만든 건 아니었어요. 하하."

동환은 학생운동을 정리하고 사회에 나왔지만, 자신이 경험하고 배운 담론들이 여전히 옳다는 확신이 있었다. 밴드 활동을 하면서도 그러한 관점을 놓치지 않으려 노력했다. 그러던 차에 흥에서 함께 일해보자는 제안이 왔고 광혁의 손을 덥석 잡았다. 멋진 사람 옆에서 멋진 사람으로 성장할 기회를 만났다.

내가 성장할 때 함께 자라는 흥

"처음에는 흥이 어떤 일을 하는 곳인지 전혀 파악이 안 되었기 때문에 좀 지켜봤죠. 그러다가 나에게 주어진 역할이나 발언권이 생각보다 크다는 걸 인식하면서 하나씩 주도적으로 고민하기 시작했어요. 한편으로는 흥 이전의 활동을 되돌아보게 되었죠. 만약 흥을 하지 않았다면 저는 한때 운동을 경험한 꼰대가 됐을 거예요. 술자리에서 잠깐의 애매한 운동 경험을 안주 삼아 떠벌리는 사람들처럼요."

홍 4년차 동환은 내부자가 아닌 외부인의 관점에 머물렀던 스스로의 태도를 이렇게 평가했다.

"홍의 초기 멤버들이 새로운 노동문화를 만들어보자고 하는데, 전 그게 가능할까 팔짱만 끼고 있었어요. 그 모습이 지금 와서는 많이 부끄러워요. 내가 먼저 의견을 낼 수도 있고 선배들과 같이 고민하며 해나가면 되는데, 판단부터 내리려고 했으니까요. 그럴 때마다 광혁 선배는 '우리 한번 해보자. 활동으로 증명해보자'고 했어요. 기존의 문예운동 선배들이 이루지 못한 새로운 노동예술 문화를 만들려면 실제로 부딪혀봐야 하니까요."

누군가 사회운동을 한다고 하면 우선 떠오르는 이미지는 굉장히 헌신적이고 이타적인 삶을 살면서 자신의 생계는 최소한의 수준으로 꾸려나가는 모습이다. 하지만 홍 구성원들은 희생과 헌신, 가난의 아이콘으로 살아가는 삶을 경계했다. 홍에서만큼은 최소한 최저임금은 받으면서 미래를 계획할 수 있는 삶을 살 수 있어야 한다고 생각했다. 그래서 아름다운재단 인큐베이팅 지원은 개인의 성장과 조직의 성장 두 가지 모두에 집중할 수 있는 소중한 기회가 되었다. 동환과 홍의 성장 그래프는 나란히 함께 올라가고 있었다.

"제 스스로 조금씩 변하고 있다는 느낌을 받았어요. 고민의 범위도 점차 넓어졌어요. 하나의 사업을 완성하거나 연말 평가를 하고 다음 해 사업 계획을 낼 때 그런 걸 많이 느껴요. 이젠 몇 개월 전에 작성한 문서를 보면 그때 왜 이렇게밖에 못 했을까 싶어요. 좀 더 이 조직의 비전과 일치하는 목표를 잡을걸…. 그렇게 점차 많은 것이 보이면서 저도 빠르게 성장하는 것 같아요. 좋게 말하면 매년 성장 중이

투쟁 현장에서 노래하는 동환   사진 ⓒ 이윤경

고, 나쁘게 말하면 여전히 멀었다 싶죠."

예술의 사회적 역할을 묻다

흥의 '노동요 프로젝트' PM 역할을 맡으면서 동환은 예술에 대한 고
정관념을 버리고 실천적인 방향으로 정의 내리기 위해 고민을 거듭했
다. 아직도 정답은 찾지 못했지만, 예술의 사회적 역할에 대해 고민
하는 계기가 된 것만은 분명하다.

"흥에 들어와 처음 접한 용어가 '일상예술'이었어요. 예술이면 예
술이지 일상예술은 또 뭔가 싶었죠. 쉽게 말해 누구나 예술을 할 수
있다는 의미예요. 뛰어난 재능으로 만들어낸 예술만 존재하는 게 아
니라, 사람의 이야기를 담은 작품이라면 예술의 한 측면을 지닐 수
있다는 거죠. 특별하고 위대한 예술가들의 작품만이 예술의 전부가

아니고, 내 주변의 것이 스스로의 내면을 거쳐 다양한 틀로 재가공되어 발현되는 과정 자체를 예술이라고 볼 수 있어요. 흥을 하면서 제가 발견한 예술은 오늘의 감정을 표현하는 것, 그래서 누구나 할 수 있는 것이에요. 그런 과정 속에서 건강한 예술 생태계가 만들어질 수 있다고 생각하고요."

누구나 표현할 권리가 있고 예술활동의 주체가 될 수 있다는 것을 몸소 경험한 흥은 문화예술의 사회적 역할에 대한 논의와 실천까지 나아가게 되었다. 흥이 보고 듣고 만들고자 하는 문화예술에 대한 정의는 아직 그들의 언어로 정리되지 않았다. 그것을 만들어가는 여정 속에서 동환의 예술관도 자리 잡게 될 것이다.

"흥 2년차에 제가 일상예술은 불가능한 거 같다고 말했어요. 여러 사업 결과물의 '퀄리티'가 기대보다 아주 낮게 나왔거든요. 그 '퀄리티'란 때깔과 작품성보다 적어도 우리가 담고자 했던 메시지라도 잘 전달되는 거예요. 예를 들어 '노동문화 콘텐츠'라고 하면 사회 참여적 시선이나 계급성이 담겨 있으리라는 기대를 하듯이요. 그런데 결과물에 그런 메시지가 너무나 미미했던 거죠.

생각해 보면 그런 메시지를 평범한 사람들의 결과물을 통해 전달하고, 타인이 공감할 수 있는 요소까지 녹여내는 건 전문 예술인에게도 힘든 일 아닌가요? 그렇다면 전문 예술인들이 만드는 예술이 과연 일상예술의 영역에 속할까요? 여러 고민을 하게 되더군요. 저는 소수 엘리트가 만드는 예술이라면 당연히 예술로 받아들여야 하는지도 의문이거든요. 소수가 예술 담론을 독점하는 사회는 좋은 사회가 아니라고 생각해요."

번아웃, 그리고 비워냄

2016년 이후 아름다운재단 인큐베이팅 사업을 하는 동안 담당자 분들과 미팅을 하면 흥이 '소진'될까 봐 걱정된다는 이야기를 자주 들었다. 아니나 다를까 4년차 동환에게 번아웃이 찾아왔다.

"계속해서 굉장히 밀도 있게 살다가 어느 순간 관성적으로 일을 대하는 제 자신을 발견했어요. 각 사안을 깊게 고민하고 담론을 만들어 기획에 녹여내야 하는데, 퉁치고 넘어가는 게 많아지고 당장 떠오르는 방법으로 일을 하게 되더라고요. 그걸 깨닫고는 잠시 멈춤이 필요하다는 판단을 했어요."

지원을 받는 동안 흥은 다양한 실험과 도전을 시도했고, 동환도 그 과정에서 최선을 다했다. 에너지를 쏟아낸 만큼 채워야 하는데 그럴 여유가 없었다. 앞으로도 이렇게 쏟아내는 방식으로 사업이 진행된다면 얼마 못 가 바스러질지 모른다는 위기감도 들었다. 덜 소진되면서도 건강하게 성장할 수 있는 방법은 없는 걸까? 다들 문제의식은 있었지만 이미 닥쳐오는 사업들 앞에서 다른 방법을 찾을 물리적인 시간이 주어지지 않았다.

"우리는 소위 문어발식, 백화점식 사업 방식을 고수하고 있어요. 문화 기획은 하나하나의 깊이로 승부해야 하는데, 지금은 젊음과 패기로 버티고 있는 게 아닐까 싶기도 하고요. 적어도 5년 뒤에는 깊이로 승부하는 문화 단체로 성장해 있어야 한다고 생각하는데, 그러기엔 지금의 방식이 방해 요소로 작용하지 않을까 걱정이에요. 1년차, 2년차 친구들이 흥의 열린 문화 속에서 많은 변화를 추구하려 한다면, 4년차를 맞은 제 역할은 외연 확장보다 깊이를 추구하는 거라고 할 수 있어요. 스스로 발전이 없다고 느끼면서 나중엔 자리만 차지하는 40대 멤버가 되지 않을까 위기의식이 들었죠."

동환은 미루어왔던 휴식 시간을 갖기 위해 안식월을 요청했다. 외면했던 내적 갈등을 마주 보고 자신의 강점과 약점을 찬찬히 들여다볼 작정이었다. 잘하는 것과 잘하고 싶은 것 사이에서 어떻게 균형을 찾을 것인지 고민하기로 했다.

사실 동환을 지금까지 버티게 한 원동력은 타인에게 무능하게 보이기 싫은 자존심과 주변의 시선이었다. 그러다 4년차가 되자 그런 것으로 더는 버티지 못하는 순간을 맞닥뜨렸다. 잠시 멈춤이 필요했고, 당위와 원칙이 아니라 자기 자신을 온전히 응시하고 내면부터 차오르는 자기 확신이 필요했다.

흥의 배려로 한 달의 안식월이 주어졌다. 흥 기준으로는 4년, 개인의 기준으로는 12년 만에 처음으로 오롯이 혼자 보낼 수 있는 휴식을 보장받았다. 이 시간 동안 동환은 자신을 돌아보고 앞으로 다시 나아갈 힘을 얻고 싶었다. 소박한 목표도 세웠다. 절반인 2주 동안 정말로 아무것도 하지 않는 것이다. 단순히 출근을 안 하고 업무를 하지 않는 것이 아니라 일상으로부터 벗어나는 것이 휴식이라는 생각에서였다. 매일 보던 사람을 만나지 않고, 낯선 공간에서 유유자적하게 보내고 싶었다. 경치가 좋은 통영의 게스트하우스에 장기 투숙 예약을 했다. 아무것도 하지 않는 것이 목표였기에 별다른 계획이 없었고, 만날 사람도 갈 곳도 없는 곳에서 발길이 닿는 대로 편하게 돌아다녔다. 일상적으로 하던 고민들을 하지 않으니 하루하루가 편안했다. 책을 읽고, 영화를 보고, 산책을 하고, 멍 때리다 보면 시간이 너무 잘 갔다. 목표라는 말이 무색하게, 자연스럽게 2주가 쏜살같이 지나갔다.

2주간 이어진 무념무상의 휴식은 특별한 에너지와 활력을 주거나 미래에 대한 인사이트를 제공해주지 않았다. 단지 그 짧은 시간만으로도 그간의 흥 활동과 자신의 모습이 꽤 타자화되었다. 다시 시작한 고민 속에서 지나온 시간들이 다르게 보였다.

동환은 여전히 흔들리는 청년이고 흥은 여전히 미래가 불확실한 조직이다. 그러나 이제 그는 자신이 지금 어디에 서 있는지 조금 더 명확하게 볼 수 있게 되었다. 어디에 서 있는지가 보이니 무엇을 향해 나아가고 싶은지 자신의 마음을 따뜻하고 여유 있게 들여다보게 되었다. 한 달이라는 짧은 시간 동안 무언가 목적지를 찾고자 했던 것이 욕심이라면 욕심이지만, 찬찬히 자신을 마주할 수 있는 소중한 시간이었다.

이제부터 동환은 비워내는 시간을 가질 거라고 했다. 나쁜 습관, 쓸데없는 자존심, 타인의 기대를 충족시켜야 한다는 강박을 비워낸 자리에 무엇이 차오를지 기대해본다.

이준호_
흥의 빛깔을 만들어가다

그릇을 빚어내는 사람

이준호는 흥의 준비기에 잠시 함께했으나 본격적으로 결합한 건 2018년 사무국장을 맡으면서다. 그로부터 2년 뒤 대표로 고속 승진(?)했다. 아름다운재단이 지원한 인큐베이팅 기간에 흥이 밑그림을 그리고 지우기를 반복하며 틀을 잡아나갔다면, 본격적인 색을 입히는 건 준호와 후배 동료들의 몫이었다.

"돌아보면 막연한 결심만 가득 차 있지 않았나 싶어요. 충분한 논의를 거친 게 아니라, 갑작스럽게 대표라는 직을 수행할 사람이 필요했죠. 제가 하겠노라고 선뜻 나설 수 있었던 건 흥에 대한 애정과 주인 의식이 컸기 때문일 거예요.

저는 제 자신이 비전을 제시하는 사람이라기보다 그릇을 빚어내는 사람이라고 생각해요. 지난 3년 동안은 흥이 선점해야 할 영역과 방향 설정이 필요했다면, 지금은 어느 정도 자리 잡은 현재를 더욱 공고히 다져야 한다고 봤어요. 기존에 해왔던 것들을 잘 갈무리하면서 운영 면에서 미흡했던 점들을 보완하는 작업이요. 다행히 그런 부분이라면 제가 잘 해낼 수 있지 싶어서 결심했죠."

인큐베이팅 기간이 마무리될 때쯤 '신진문화예술행동 흥'으로 리브랜딩을 시작했다. 두 차례 고배를 마시긴 했지만 그동안의 성과를 잘 정리하여 예비사회적기업에도 선정됐다. 본격적으로 자립해야 할 시기와 잘 맞물려 조금은 안정적으로 지금의 구성원들과 하고 싶은 실험들을 해나갈 수 있는 여건을 마련할 수 있게 된 것이다. 한 단계 도약을 앞두고 이준호 대표가 제일 먼저 꺼낸 화두는 조직 형태와 조직 문화였다.

흥에게 가장 어울리는 옷을 만들어가는 일

흥은 인큐베이팅 기간에 '전문예술단체'로 등록하여 다양한 사업을 했지만, 예술 단체라는 규정만으로는 흥의 지향과 새로운 시대의 예술 운동을 담아내기에 뭔가 부족했다.

"저희는 예술가이면서도 활동가죠. 문화운동뿐 아니라 노동, 통일, 시민운동의 영역을 넘나들며 활동하고 있으니까 '사회적예술운동'이라는 말로 아우를 수 있지 않을까 생각했어요. 그렇다면 그에 맞는 옷은 뭘까, 협동조합일까 주식회사일까 아니면 또 다른 무언가일까 한창 고민 중이고요. 다양한 단체나 기업을 만나러 다니고 있어요."

준호는 조직 문화에 대해서도 고민이 많다. 함께 일하면서 불편한 상황, 서로에게 의도치 않게 상처를 주는 언행은 어느 조직에나 있을

트롬본을 연주하는 준호   사진 ⓒ 하영문

수 있지만 사실 일어나서는 안 되는 일이다. 준호는 그러한 갈등이나
상처가 흥의 일 경험 속에 쌓이거나 곪게 하고 싶지 않았다. 공동의
약속을 함께 만들고 싶었다. 학생운동과 인디 밴드 생활, 정당 청년
위원회 활동까지 다양한 조직의 문화를 경험하면서 많은 것을 느꼈
다. 그 처음이랄 수 있는 학교 학생회 시절에 경험한 조직 문화는 한
마디로 '원칙'이었다.

　"원칙을 앞세우는 문화에 적응하기 힘들었어요. 어린 마음에 압
박감을 많이 느껴서 피해 다니기도 했고요. 워낙 원칙이 중시되었고,
제 생각을 말하고 싶어도 토론으로 이어지지 않을 것 같아서 지레 말
을 아꼈죠. 그러다 보니 운동권 선배들이 술잔을 앞에 두고 좋은 말
씀을 해주셔도 편하지 않고, 술자리 자체가 일처럼 느껴질 때도 있었
어요."

광혁 선배를 통해 인디 밴드 스카웨이커스에 합류하기로 마음먹고 트롬본을 배우기 시작했다. 음악에 대한 열정으로 시작했다기보다는 사회적 메시지를 담아낼 수 있는 음악 활동을 하고 싶었다. 목표 의식이 분명했던 준호는 음악 기량을 꾸준히 쌓아나갔고, 군대에서도 군악대 활동을 했다.

"스카웨이커스도 대부분 부문연 출신 선배들이었어요. 학생회의 조직 문화에 대해 반감을 가진 사람들이 많았기 때문에 각자의 의견이나 개성을 존중해주는 문화가 있었던 것 같아요. 그러다 보니 자연스럽게 토론도 많이 하게 되고요. 반면 반작용도 만만치 않았어요. 멤버가 여덟 명이다 보니 그 안에서 자신의 의견을 전달하려면 '빅 스피커'가 되어야 하는데, 개인적으로는 많이 부담스러웠어요. 말을 거칠게 하게 될 때도 있고요. 또 구성원 중 여성이 한 명밖에 없어서였는지 몰라도 남초 집단의 전형적인 문화도 있었죠. 저부터도 그랬던 거 같아요. 돌아보면 부끄럽기도 하고, 외부의 시선이 곱지만은 않았겠다 싶어요."

그렇다면 예술인 조직과 운동 조직 그 중간 어딘가에 존재하는 흥에서 순호는 어떤 조직 문화를 만들어가고 싶은 걸까? 원칙을 나이와 경험 많은 이들이 독점하는 조직은 당연히 다양성을 잃고 말지만, 정작 원칙이 없다면 집단 내의 토론과 실천에 더 오랜 시간이 걸릴 수도 있다. 흥의 의사결정 과정은 어떤 형태일까?

"하달식 논의를 지양하고 싶어요. '운동'이라는 그 거대한 단어에서 오는 어쩔 수 없는 '결연함'이 자의든 타의든 강요되는 것 같아요. 개인이 희생할 수 있어야 하고 그렇게 해야 숭고하다는 생각을 하지 않으려고 해요. 흥이 좋았던 이유는 원칙을 앞세워 강요하지 않아도 각자 할 수 있는 만큼 실천을 하고 있기 때문이었어요."

흥 구성원들은 대학 때부터 비슷한 사회 경험을 해왔다. 학생회에서 원칙 중심의 조직 문화를 겪었고 인디 밴드에 진출(?)하여 자유와 개성을 존중하는 문화를 경험했다. 두 조직 문화가 가질 수 있는 폐단을 서로 잘 알기에 굳이 확인하지 않아도 통하는 기준 아래 함께해왔다. 적어도 새로운 구성원 두 명이 합류하기 전까지는 그랬다. 보성과 가영 두 후배 역시 부산대 문예패 활동을 했던 친구들인 만큼 소통에 큰 어려움은 없을 줄 알았다.

"새로운 구성원을 받아들일 때 거기서 오는 갈등 상황이 당연히 있겠죠. 지금까지는 저희끼리 '알제? 안다 아이가?' 하면서 기동성 있게 현장으로 뛰어갔다면, '새로운 세계'가 왔을 때는 어떻게 해야 할지 고민이 되더라고요.

최근에 들어온 가영 역시 문예패 활동을 했지만, 실천 활동이든 비즈니스 일환이든 '왜'가 중요한 친구였죠. 뭔가를 할 때 자신의 역할을 잘 찾아나가기 위해서라도 행동의 이유가 필요한 거예요. 자기 자신부터 설득이 되어야 대중에게도 공감을 얻을 수 있으니까 사실 굉장히 중요한 부분이죠. 흥에 들어온 지 얼마 안 됐을 때, 너무 당연한 것처럼 소통하고 결정하는 분위기에 소외감을 느낀 적도 있다고 말해주더라고요. 흥이 새로운 것을 받아들이기 위한 준비를 하지 않으면 아마추어에서 프로 단계로 올라가기 어렵겠다는 생각이 들었죠."

엔터테이너에서 사회혁신가로

대표의 역할을 찬찬히 해나가기에 2020년은 복잡하고도 어려운 해였다. 흥 역시 취소와 연장, 대안적인 방식의 공연과 행사를 거듭하면서 쉬지 않고 달려왔다. 준호는 이런 어려운 시기에 흥 구성원들이 서로를 챙기는 모습을 보며 오히려 힘을 냈다.

"저는 관계를 긴밀하게 맺을 수 있는 부류의 사람은 아니라고 생각했는데, 노력하니까 되더라고요. 요즘은 멤버들이 우리끼리 있을 때나 다른 자리에서나 저를 흥 대표로 추켜세워줄 때가 많아요. 그럴 때마다 동료들이 신경 써주는 게 느껴져요. 저한테 서운했던 이야기를 용기 내서 말해주는 것도 고맙고요. 정신없이 일이 몰아치는 와중에도 그런 마음들을 표현해주니까 좋아요."

박근혜 퇴진 집회 때 '트럭돌'의 선두에서 구호를 외치며 행진 대오를 이끌던 준호는 엔터테이너로서의 기질을 밴드 흥에서도 꾸준히 발산 중이다.

"내 밴드, 내 팀을 만들어서 음악을 하고 싶다는 생각을 많이 해요. 광혁 선배의 모습을 보면서도 그렇고요. 지금까지는 공연하면 트롬본 세션으로 참여했는데, 내가 주도할 수 있는 팀을 만들어보고 싶어요. 저는 기획자보다는 플레이어 성향이 강한 편이라, 사람들과 직접 교감할 수 있는 무대에 계속 서고 싶어요. 공연하는 날은 텐션이 올라가는 게 느껴져요."

요즘은 정제된 표현이 아니라 자기 안의 뭔가를 끄집어내어 마음껏 표현하는 작업에 부쩍 매력을 느낀다고 했다. 흥에 몸담는 동안은 그러한 작업을 하고 있는 지역의 아티스트를 모으고 사회적 예술활동이 쌓이는 문화예술 플랫폼을 고민하고 있다.

　"2020년 여름 8만 명이 함께했던 온라인 퀴어 퍼레이드가 굉장히 인상적이었어요. 모바일로 접속해야만 들어갈 수 있도록 설정해놓은 것도 트렌디해 보였고요. 저희도 매년 5월 21일 세계 문화다양성의 날을 맞이해서 여러 소수자 커뮤니티와 함께 행사를 열곤 했지만, 2020년은 코로나로 인해 대면 행사는 꿈도 못 꾸는 상황이었죠. 그때 '닷페이스'에서 온라인 퀴어 퍼레이드를 기획하고 개최하더라고요. '집회에 참가하는 나만의 아바타 꾸미기'라는 독특한 방식으로 사람들의 참여를 유도하는 것이 무척 신선했어요. SNS 플랫폼과 해시태그를 활용하여 자신의 아바타를 공유하는데, 검색되는 해시태그가 곧 '성소수자 연대 행렬'로 만들어졌죠. 저도 공유하고 해시태그를 검색해봤는데, 전율이 돋더라고요. '#우리는_없던_길도_만들지'라는 해시태그에 정말 많은 의미가 함축되어 있다고 생각했어요. 온라인 행동의 새로운 정형을 만든다는 의미이자 연대의 행렬을 통해 새로운 방향을 제시한다는 의미이기도 하겠죠. 정말 잘 뽑은 슬로건이에요. 혁신적인 기획이라는 생각이 들었죠."

　준호는 온라인 예술행동이 활발하게 이루어지는 플랫폼이 상시적으로 있으면 좋겠다고 생각했다. 특정 사안만 집중해서 다루는 게 아니라 누구든 문화예술로 표현하고 싶은 저마다의 사안을 올리고, 함께하고픈 사람들이 자신의 예술적 언어로 자유롭게 표현하는 형태, 마치 댓글을 다는 것처럼 말이다. 그러한 예술적 교류들이 활발하게 일어나는 온라인 플랫폼이 활성화되면 어떤 변화가 일어날 수 있을지 연구 중이다.

"단순히 소규모 커뮤니티 구성에 집중할지, 센터 같은 컨트롤타워를 구성할지, 아니면 온라인 커뮤니티를 꾸릴지 여러 아이디어가 있는데, 최근 구성원들과 논의를 통해 온라인 플랫폼 작업에 집중해보기로 의견을 모았어요. 아직 다소 파편화되어 있는 사회적 예술의 개념과 다양한 예술 정형들을 아카이빙하는 것부터 시작해보기로 했죠. 아마 이런 작업을 시작으로 더 많은 것을 상상하고 실험해볼 수 있을 거예요."

김기영_
꿈꾸는 대로 살아가는 청년

"흥에서 일하고 싶어요!"

기영은 '흥 메이커스'를 담당하고 있다. 예술인들과 함께 지역 사회 문제를 알리고 해결하기 위한 예술행동을 기획하고 제안하는 일을 한다. 흥 멤버들을 인터뷰 하다 보면 "그건 기영의 아이디어였다"는 말을 빼놓지 않았다. 기영은 학교 다닐 때부터 세상사에 관심이 많았는데, 청소년기에 집회나 투쟁 현장을 가본 경험이 많아서 그런지 사회에 나와서도 여러 연대활동을 하는 것에 대해 반감이나 거부감이 별로 없었다.

"부모님이 두 분 다 사회운동을 계속하셨거든요. 초등학교 때 부모님 따라 미선이 효순이 집회에 자주 갔어요. 거기서 '주한 미군 철수' 노래도 부르고 그랬죠. '광우병 위험 쇠고기 수입 반대 촛불 집회'는 최초로 제 의지로 나간 집회였어요. 그렇게 집회 현장에서 경험한 것들이 쌓여서였는지 아님 제가 좀 허세가 있었는지 세상을 위해 일하고 싶다는 생각을 어릴 때부터 줄곧 했어요. 그게 '사회운동' 하며 살고 싶다는 생각으로 이어졌고요. 열아홉 살에 학교 졸업을 앞두고 선생님이랑 진로 상담을 했었는데요, 지금 생각해보면 좀 웃기지만 선생님께 '그냥 돈 벌면서 사는 노동자가 되기보다는 뜻있는 사회운동가나 활동가로 살고 싶다'고 말했어요. 그 말을 들으신 선생님께서 진로 상담은 뒤로하고 노동자에 대한 시선을 먼저 바로잡아주셨죠."

기영은 홍에서 유일하게 공교육기관이 아니라 대안학교인 '우다다학교'를 졸업했다. 우다다학교 청소년 밴드는 지역 사회의 크고 작은 행사나 집회에서 자주 공연을 했고 인기도 많았다. 기영은 자칭 타칭 홍의 '아이디어 뱅크'라 불리는데, 선배들은 어디로 튈지 모를 그의 자유로운 발상과 여유로운 제스처가 공교육에 길들여지지 않아서 생겨난 것이 아닐까 생각한다.

"어릴 때부터 기타를 쳤고 학교 다닐 때는 밴드를 했어요. 밴드 하는 다른 친구들과 비교하면 저는 플레이어로서는 별로 자신이 없는 편이었어요. 실력도 잘 안 늘고요. 무대에서 자주 떨었죠. 한 가지에 몰두해서 파고드는 스타일은 아니었어요. 그런데 제가 짜놓은 판에서 친구들이 잘 노는 걸 보면 재미있고 기분이 좋았어요. 그래서 막연하게나마 문화기획을 해보고 싶다는 생각을 점점 하게 됐죠."

우다다학교를 졸업하고 군대를 다녀오니 스물셋이었다. 뭘 해야 할까 방황하던 중 '청춘멘토'라는 단체에서 아르바이트생을 뽑는다는 이야기를 듣게 되었고, 그렇게 찾아간 곳이 운 좋게 첫 직장이 되었다. 사단법인 청춘멘토는 청춘들을 위한 대안 공간 R을 운영하는 사업을 하는 곳이다. 기영은 홍으로 이직하기 전까지 청춘멘토가 운영하는 공간 R의 '공간 매니저'로 꽤 오래 일했다. 그곳에서 대학생들과 함께 다양한 경험을 하면서 또 다른 성장기를 보냈다.

기영은 자신의 베이스 기타 실력이 늘진 않는다고 했지만, 인디 밴드 활동을 이어나갔다. '바나나몽키스패너(바몽스)'라는 밴드에서 베이시스트로 활동하며, 멤버들과 함께 그들이 보는 세상을 음악으로 보여주고자 했다. 클럽 공연이나 락 페스티벌뿐만 아니라 사회의 변화를 부르짖는 거리와 광장에서 세상과 연대하고자 했다. 그러나 밴드 활동은 활동가의 삶을 꿈꾸는 기영에게 다소 추상적이고 막연하게 느껴지는 면이 있었다. 좀 더 뚜렷한 방향성을 가지고 앞으로 나아가고 싶었다. 자신처럼 세상 돌아가는 일에 관심 많고 불만 많은 예술인들끼리 세상을 변화시키는 행동을 해보고 싶었다. 그러다 흥이 만들어진다는 소식을 지인들에게 들었다. 그가 일하는 공간 R에서 흥의 세미나도 자주 열렸다. 공간 매니저인만큼 자주 두리번거렸다. 그러다가 세미나에 참여하게 되었고, 흥 선배들과도 고민을 나누면서 더 가까워졌다. 청춘멘토 사무국에 문화예술 운동을 하고 싶다는 뜻을 내비쳤고 흥에도 여러 차례 신호를 보냈다. 하지만 흥은 기영의 신호에 바로 응하지 않았다고 한다. 그렇게 2, 3개월을 방황하다가 광혁에게 먼저 고백했다. 흥에서 일하고 싶다고.

성장통

2019년 기영은 당당히 입사 면접을 보고 특별 채용되었다. 흥이 두 번째 직장이 된 것이다. "예술인들과 뭔가를 하고 싶다"고 말한 기영에게 선배들은 '조직팀장'이라는 역할을 안겨줬다. 막막했다. 기영은 자신이 들어오기 전 2년 동안 진행되었던 '예술인 간담회'와 '흥 메이커스' 사업을 살펴보는 것부터 시작했다. 그러고 나서 지난 흥 메이커스 활동에 대한 자신의 생각을 솔직하게 말하려니 선배들의 활동을 부정하는 것처럼 보일까 봐 걱정이 되었다. 하지만 선배들은 오히려 기영의 평가를 적극적으로 수용하여 새로운 흥 메이커스가 펼쳐질 수 있도록 지지해주었다.

지난 흥 메이커스에서는 흥과 예술인들이 두루두루 만나고 친해지는 것을 우선시했다면, 기영은 만남의 규모를 줄이더라도 더 핵심적이고 깊이 있는 이야기를 해나갈 필요가 있다고 판단했다. 하지만 막상 나가서 접하니 예술 현장의 반응은 생각과 달랐다. 예술인을 대하는 것도 어려웠고, 예술행동에 대한 공감을 얻기도 쉽지 않았다. 흥의 제안에 반대하는 사람은 없었지만 같이 해보겠다는 사람도 나타나지 않았다.

"아티스트 분들을 만나면 생각이 머릿속에 맴돌기만 하고 입 밖으로 전달하는 게 잘 안 되더라고요. 초반에는 제 내공이 부족하다고만 생각했죠. 더구나 팀장이니까 이 업무를 혼자 힘으로 돌파해야 한다고요. 혼자서 안 되면 다른 사람을 만나서 어떻게 할지 의논하면 되는데 그러질 못했어요. 1년차에 제가 기획한 걸 사람들에게 '짠' 하고 보여주고 싶은 마음이 컸던 탓이죠. 다음 해에는 조직팀을 없애고 준호 대표님과 함께 예술가들을 일상적으로 만나러 다녔어요. 마음이 한결 편해졌죠."

기영은 1년차 성장통을 겪으면서 혼자가 아니라 함께 일하는 태도를 배웠다고 했다. 어떤 사업이든 혼자서 처음부터 끝까지 구상하

집회 현장에서 연주하는 기영   사진 ⓒ 김윤경

는 게 아니라, 시작 단계부터 사람들을 만나 의견을 묻고 피드백을
바탕으로 사업을 보완하고 기획을 완성하는 방향으로 전환했다. 예
술인들을 만날 때도 흥의 사업이나 제안을 쏟아내기보다 일상적인
대화에서 공통으로 발견한 문제들을 공감하고 함께 실천할 수 있는
것을 해나가려 한다.

 "그렇게 만나니 오히려 의외의 인연이 생겼어요. 요즘은 시각예술
하시는 김한량 작가와 새로운 방식의 스터디를 하고 있어요. 저희의
순수한 매력에 빠지신 것 같아요. 그리고 박자현 작가님, 김유리 작
가님, 이지안 기획자님도 좋은 작업을 함께해주셨어요."

 흥 멤버들이 음악을 기반으로 활동하다 보니 시각예술가들을 만
날 기회가 많지 않았는데, 요즘은 시각예술 등 타 장르 예술인들을
많이 만나게 됐다. 많은 예술인들이 철학에 대해 공부한다는 것도

알았다. 기영이 만난 시각예술인들은 끊임없이 철학적 질문을 던지고 자신만의 답을 형상화하는 작업을 하고 있었다. 기영은 이미 발생한 사회 문제에 대한 고민만을 했던 건 아닌지 돌이켜보았다. 타 장르 예술인들과 소통하며 성장하고 싶어졌다.

'해야 하는 것'이 아닌 '하고 싶은 것'

"이해하기 쉽고 유연하고 착한 예술이 아니라 거칠고 위험해도 현장형 예술을 하고 싶어요."

밴드 활동을 하면서 느낀 한계 중 하나는 기동성이 부족하다는 것이었다. 기영은 할 수 있는 한 현장에 필요한 음악을 만들고 연대하며 기동성 있게 대응하는 예술활동을 하고 싶었다.

"어떤 방식이 될지는 모르겠지만, 집회의 기본 판에 문화예술인을 끼워 넣는 공연이 아니라 예술인들이 주축이 되어 집회 자체가 하나의 작품이 되는 문화제를 기획해보고 싶어요."

기영은 틀을 깨고 그 틈새로 재미난 상상을 불어넣기 위해 전국 곳곳에서 어떤 실험들을 하는지 찾아보고 SNS도 열심히 들여다보았다. 하지만 요즘은 너무 바빠서 그마저도 할 시간이 없다. 아이디어 뱅크가 곧 파산할 판이라며 걱정이 한가득이다. 그래선지 흥에 새로운 구성원을 맞이하는 일에 누구보다 진심이다. 예비사회적기업으로 지원받을 수 있는 기간이야말로 혁신적인 시도들을 할 수 있다고 생각하는 기영은 내부 역량 강화와 함께 새로운 인재가 꼭 필요하다고 생각한다.

"기존 멤버들과 다른 접근 방식, 새로운 시선을 가진 사람이 있어야 해요. 그렇지 않으면 우리도 점점 고이기 시작할 거예요. 더 반짝이는 친구들을 모아서 새로운 시도를 해봤으면 좋겠어요. 너무 꼭 맞는 사람들끼리만 오래 있으면 도전할 수 없을 거 같아요. 흥이 열린 조직 문화를 유지하면서 새로운 사람들과 예술행동을 꾸준히 실천해가려면 갈등은 따르겠지만, 해결 불가능하진 않을 거라고 생각해요. 구성원들이 서로 운신의 폭을 조금씩 넓혀가려고 노력하는 문화를 만드는 게 더 중요하니까요. 안 그러면 이렇게 우리끼리 어영부영 일하다가 40대를 맞이할 수도 있어요."

서른을 눈앞에 둔 기영은 흥에서 활동하면서 스스로 성장하고 있음을 느낀다.

"다른 단체나 기업도 마찬가지겠지만 사업을 평가하는 시간이 있잖아요. 초반에는 제가 하는 사업들에 대해 피드백 듣는 게 힘들었어요. 표정 관리도 전혀 안 되고요. 평가 시간을 피하고 싶었어요. 자신 없는 부분에 대해 듣고 싶지 않고 '그냥 내가 혼자 더 고민해서 다음에 더 잘하면 안 될까요' 하는 식이었죠. 요즘은 평가를 들으면서 솔직하게 받아들이는 연습을 하고 있어요. 상대방이 제 이야기를 이해하지 못하면 솔직히 말해달라고 하고, 설명이 더 필요하다고 하면 시간을 달라고 부탁해요. 그렇게 제 생각을 더 정리해서 다시 소통하려고 하죠. 예전에는 소통이 잘 안 된다 싶으면 당황해서 더 장황하게 말을 늘어놓곤 했는데 이젠 시간을 갖고 더 자주 만나면서 푸는 방법을 찾았어요."

2020년에서 2021년으로 넘어가는 시기, 흥에서는 평가와 목표에 따른 조직 체계 개편에 관한 논의가 한창이었다. 다른 해와 다르게

'당위성'보다는 '내가 하고 싶은 것은 무엇인가?'가 주요 화두였다.

"저는 기존의 제작 업무가 용역 업무에 그쳐 아쉽다는 평가를 바탕으로 제작 업무의 혁신을 가져올 팀을 꾸리고 싶다고 했어요. 팀장은 이름 자체가 주는 무게감이 크니 책임 팀원 정도로 봐달라고 했죠. 가영, 보성과 함께 '기동력 있는 제작', '현장과 동떨어지지 않은 제작', '우리식 예술관'의 경험을 켜켜이 쌓아나가자고 이야기 나누는 요즘이에요. 물론 1년 만에 성과가 보일지는 미지수예요. 흥이 기존에 잘하던 제작 업무의 정체성이 더욱 뚜렷이 드러나는 작업이라 생각하고 신나게 임하고 있습니다. 전 아무래도 조직에서 핵심적인 걸 건드릴 때가 제일 짜릿한 것 같아요."

고등학교를 졸업하고 사회에 첫발을 내딛고 싶었던 지역에서 첫 직장을 만났고, 문화운동을 하고 싶던 차에 흥으로의 이직도 성공했다. 지금까지 청년 기영이 바라던 대로 뚜벅뚜벅 걸어왔다. 그리고 이제 더 나은 세상을 위해 현장으로 달려가 걸판지게 예술행동을 도모하려는 바람 또한 조금씩 이루어지고 있다.

배가영_
나답게 살아도 괜찮은 삶

노래하는 디자이너

흥의 홍보 콘텐츠는 대부분 가영의 손을 거쳐 세상에 나온다. 상근 활동가 수가 적은 공익 단체들은 일이 너무 많고 바쁘면 SNS 활동을 맡은 사람까지 각종 사업에 총동원되어 정작 SNS 활동은 잠잠한 경우가 많다. 그런데 흥은 각종 사업과 밴드 공연 일정이 몰아치는 와중에도 뉴스레터를 정기적으로 발행한다. 구성원 모두 쉴 틈이 없어 보이는데 어떻게 그런 홍보 업무를 해내는지 궁금했다. 동료들이 붙여준 별명대로 '믿고 맡기는 빠른 손, 뚝딱이'인 가영을 만나고서 궁금증은 쉬이 풀렸다.

"어릴 땐 막연하게 디자이너라는 직업을 꿈꿨어요. 노래하는 것도 좋아했지만 가수는 아무나 되는 게 아니라고 생각했어요. 지금의 저는 디자인하는 뮤지션, 노래하는 디자이너 둘 다 해당된다고 생각해요. 일에 집중할 때는 디자이너고 음악에 집중할 땐 뮤지션이죠.

한 가지만 하고 살면 재미없을 것 같아요. 20대에 대학 동아리로 문예패 활동을 하면서 시민 사회 활동가나 단체를 접한 게 제 삶에 많은 영향을 줬어요. 졸업하고 목표 없이 대학원에 진학하거나, 이름만 들어도 아는 기업에 들어가려고 애쓰거나… 그렇게 떠밀리듯 살고 싶지 않았어요."

문예패 활동을 할 때 가영은 집회 현장에 가자는 선배들의 제안에 선뜻 응하는 편이 아니었다. 대학생 가영의 시선에서 바라본 집회 현장은 부당한 일을 당하거나 부조리한 구조에 분노한 사람들이 자기 얘기를 일방적으로 들어달라 토로하는 곳이었다.

"집회를 하려면 이 방법밖에 없을까, 거리에서 외치는 이유가 뭘까 하는 생각이 들더라고요. 그러다 선배들이 스카웨이커스라는 밴드를 만들어 음악으로 집회 문화를 바꿔보자는 얘기를 했고, 예술이 할 수 있는 사회적 역할에 대해 생각하기 시작했어요."

문예패 활동은 졸업과 함께 마무리되었고, 선배 밴드들이 속해 있는 루츠레코드에서 자신의 음악 색깔을 만들어가며 밴드 '초콜릿 벤치'의 보컬을 맡게 되었다.

"민중가요를 처음 접했을 때 어렸을 적 다니던 성당의 성가 같다는 느낌을 받았어요. 전 성가 부르는 걸 좋아했기 때문에 민중가요가 익숙하게 느껴졌고 좋았어요. 대부분의 집회 현장에선 투쟁가 성격의 민중가요를 많이 부르지만, 저는 서정적인 민중가요가 가진 힘도 크다고 생각해요. '분노'를 이끌어내는 노래도 물론 필요하지만 저는 '위로'하는 노래를 하고 싶어요. '위로'는 아프고 힘들 때만 필요한 것이 아니라 하루를 더 잘 살아가게 하는 힘이라고 생각해요. 그 시작점으로 '초콜릿 벤치'라는 밴드를 만들었어요. 제가 쓰는 노랫말이 전부 위로를 담고 있다고는 할 순 없지만, 좋아하는 민중가요를 커버하기도 하고 여러 집회 현장에서 노래함으로써 제가 할 수 있는 위로의 방식을 찾아갔어요. 초콜릿 벤치를 해체한 지금은 음악을 잘해야겠다는 생각보다는 저라는 사람을 기록하고 정리하는 형태의 음악을 만들고 싶어요. 누구나 자신이 할 수 있는 방식으로 자기를 쌓아가잖아요. 글이나 사진을 남기기도 하고, 어딘가에 소속되어 남기기도 하고요. 저는 함께 살아가는 주변 친구들이 음악으로 위로받았으면 좋겠어요."

뮤 지 션 의 마 을 살 이

대학 졸업 후 뮤지션이자 마을 활동가로 사회활동을 시작했다. 가영이 활동한 마을은 전국에서도 손꼽히는 주민 공동체 '반송희망세상'이다. 가영은 반송 지역 청년 마을 공동체인 '청년가치협동조합'에서 활동했다. 반송에서 본격적인 마을 활동을 하게 된 것은 현재 내가 몸담고 있는 미디토리협동조합도 조금 관련이 있다.

"미디토리에서 지역 청년들을 대상으로 잡지를 만드는 프로젝트인 '청년보통씨'라는 교육 사업을 반송에서 열었어요. 편집 디자인을 배워보고 싶었는데 '열매청년'이 운영하는 마을 기업 '카페나무'에서 그 수업이 진행되더라고요. 반송까지 수업을 들으러 갔죠."

그렇게 2013년 처음 반송과 인연을 맺었고, '카페나무'에서 아르바이트를 하면서 '청년보통씨' 프로젝트를 거쳐 2015년 열매청년공동체 활동을 본격적으로 펼쳤다. '청년가치협동조합'의 이름으로 사업자를 내고 2019년 초까지 마을 기업 운영을 도맡았다. 그렇게 가영의 20대는 건강한 마을 공동체와 함께 성장한 시간이었다. 반송은 가영에게 고향 같은 곳이다. 언제든지 고민을 이야기할 수 있고 지지해주는 사람들이 있는 곳이다.

"그때 '카페나무'에서 열매청년들이 어떤 재미있는 것들을 해나갈지 얘기를 나누었어요. 개개인이 벌이고 싶은 일에 관한 아이디어들을 논의하면서 구체화해가는 모습을 보고, 혼자서는 못 하는 일들을 여기서는 해낼 수 있겠단 생각이 들었어요. 저는 작은 공예품들을 만들어 카페 한쪽에 '한뼘가게'를 열어서 팔았고, 직접 홍보물을 만들어 클래스도 열었어요. 그렇게 열매청년의 일원이 되었고, 이후에 함께하게 될 친구들이 이곳에서 무엇을 구현할 수 있을지도 자연스레 생각하게 되었어요. 반송에 청소년, 청년 인구가 점점 줄어들고 외부 청년들에겐 접근성이 떨어진다는 사실이 항상 고민이었어요. 마을청년대학에 참여했던 많은 청년들도 프로젝트가 끝나면 발길이 뜸해지더라고요. 여건상 어쩔 수 없는 면도 있었지만, 공동체의 성격이 강한 만큼 '소수지만 끈끈하게'를 제일 중요하게 생각하고 활동을 했어요."

나답게 살아도 괜찮은 삶

반송에서 청년 마을 활동가로 지내면서도 초콜릿 벤치 활동을 이어 갔다. 초콜릿 벤치는 어쿠스틱 밴드로 2016년에 첫 공연을 했다. 이후 멤버는 조금씩 바뀌었지만 2018년에 지수와 첫 앨범을 냈다. 벤치에서 쉬어 가며 초콜릿을 먹듯이 달달한 휴식 같은 음악을 들려주고 싶어 붙인 이름이다.

"초콜릿 벤치의 음악은 제 20대 초반의 감성으로 만들어졌어요. 요즘 부르려니 조금 어색하더라고요. 어렸기 때문에 밴드 운영도 미숙했죠. 지수와 제가 추구하는 음악의 상도 달랐고요. 그래서 많은 얘기 끝에 초콜릿 벤치는 20대의 추억으로 두기로 했어요."

마을에 출근하면 같은 또래 청년들과 활동했고, 뮤지션의 일상으로 스위치를 켜면 루츠레코드 식구들과 함께했고, 이웃에는 '반했나 프로젝트' 언니들이 있었다.

"반송에 있으면 뮤지션으로서의 미래를 그리기가 쉽지 않았어요. 한번씩 '반했나' 언니들이나 자기 음악을 해나가는 뮤지션 친구들을 만나면 그들만의 삶으로 세상에 저항하는 에너지가 느껴지곤 해요. 2020년 하반기부터는 어떻게 살고 싶은지 고민하기 시작했어요."

초콜릿 벤치로 활발히 활동하던 중에 같은 루츠레코드 소속의 여성 2인조 하드록 밴드 'B9'의 리더였던 주영이 '여성뮤지션프로젝트 반했나' 활동을 제안했다.

"무엇보다 루츠레코드나 저의 음악 진영에 '음악하는 언니들'이 별로 없었어요. 서른을 바라보는 나이가 되어가니 절실하게 '언니'들이 필요하더라고요. 가정이 생기면 자연스레 내 것들을 포기해야 하는지, 언제까지 음악을 할 수 있을지, 계속 음악을 한다고 해도 내가 설 무대가 남아 있을지…. 점점 깊어지는 고민들을 얘기하고 경험을 들을 수 있는 멘토가 필요했어요. 다양한 형태로 살아가는 언니들의 이야기를 듣다 보면 '아, 저렇게 살아도 좋겠다'는 생각이 들었죠. 반했나 프로젝트 공연을 만들 땐 멤버들의 이야기를 더 잘 보여주기 위해 무대 연출을 주로 하는데 무척 뿌듯해요. 주변에서 지지를 많이 해주시는 것 같아요. 앞으로 뮤지션으로 머물기보다는 예술가들이 직접 페스티벌을 만들어보자는 이야기를 나누고 있는데 벌써 재미있을 것 같아요. 흥에서도 함께할 수 있는 부분들이 많이 보이고요. 기대가 됩니다."

마을 공동체에서 문화예술 공동체로

대학 문예 일꾼을 거쳐 루츠레코드 구성원으로 있으면서 사회 변화를 위한 뮤지션의 역할을 고민하고, 졸업 후에 마을 활동가로 살아보기도 했던 가영은 이제 자신의 재능과 표현방식으로 사회에 기여하고 싶다는 생각이 들었다.

"'마을청년대학'을 2년 연속 기획하면서 제 일이 여기저기 분산되어 있다는 생각이 들었어요. 마을 신문 디자인도 하고, 공예 수업도 하고, 마을 축제도 만들고⋯. '하고잡이'인 저에게는 잘 맞긴 했지만, 미래를 생각해서 한 분야에 집중할 필요가 있다고 생각했죠. 퇴사를 고민하던 차에 흥에서 함께 일하자고 하면서 '아트디렉터'라는 역할을 주시더라고요. 디자인과 연출 분야에 집중된 역할이어서 잘해보고 싶었어요. 밴드 흥 활동은 지역 사회와 연대하면서 '음악으로 피켓을 드는 일'이기에 여러 면에서 제 고민을 해결해줄 것 같았고요. 특히 실천예술을 하며 생계도 고민해야 하는 저로서는 흥에 믿음이 많이 갔어요."

마을 활동가로 행사를 준비할 때는 참여자들 간의 관계 맺기와 활동을 위한 맥락을 만들어가는 데 중점을 두었다면, 흥 프로젝트를 기획할 때는 사회적 메시지와 다양한 장르의 콘텐츠에 대해 참여자들의 관심과 이해도를 높이기 위한 여러 장치와 연출을 중점적으로 한다는 점이 다르다.

"흥 공동체 구성원들은 마을 공동체와 생각하는 방식도 다르고 하나같이 개성이 강하더라고요. 흥 구성원들은 반송 마을 청년들보다 더 오래전부터 학교에서 봐온 사람들인데도, 본격적으로 일해보니 새로운 모습이 보였어요. 각자의 다름으로 상호 작용하는 케미가 좋은 공동체라고나 할까요? 협업할 때 특히 그런 면이 잘 드러나는 것 같아요. 특수고용노동자백서를 전시하고 흥의 일 년을 이야기하는 행사를 준비하면서 흥과 계속 함께하고 싶다는 생각이 들었어요. 흥이 지역 사회에 전달하고자 하는 메시지와 콘텐츠가 뚜렷하고, 제가 완전히 공감했던 주제들이기도 했고요. 그런 생각들을 잘 녹여내서 기획과 연출을 하니 더 와닿는 느낌이 들었어요. 너무 빠듯한 시간 내에 준비해서 치러야 하는 행사였지만 결국 해냈어요. 이렇게 마감에 쫓기면서도 할 수 있구나 하는 생각도 했고요. 제가 어떤 능력을 가지고 있는지도 알게 된 경험이었어요. 이 행사도 그렇고 문화 다양성 축제도 그렇고 주제가 담긴 콘텐츠를 어떻게 더 잘 보여줄 수 있을까 고민하고 표현방식을 고민하고 구성하고 하는 연출 역할이 재미있었어요."

자립을 시작하다

마을 활동가로 일할 때는 마을 기업 운영자이기도 했고 여러 여건상 최소한의 활동비를 스스로에게 할당할 수밖에 없었다. 흥으로 활동의 장을 옮기면서 안정적인 임금을 받게 된 것은 인생에서 겪은 큰 변화 중 하나다.

"올해 제 인생의 가장 큰 변화가 있었죠. 부모님과 함께 살던 집을 나와 독립했어요. 30대가 되고 혼자 뭔가를 꾸려가려고 하니 고민의 범주가 달라지더라고요. 홍에서 일하면서 월급이 안정적으로 나오고 보험도 드니까 안정감을 가지고 일할 수 있게 됐어요. 온전히 자기 삶을 책임진다는 게 뭔지 이제 막 경험하기 시작했죠. 코로나19로 재택근무를 하던 시기에 집에 하루 종일 혼자 있어 보니 깨달은 게 있는데, 저는 사람들이 북적이는 곳에서 소속감을 느끼며 일하는 걸 좋아하는 사람이란 사실이에요. 하반기에 다시 여러 사람을 만나기 시작하면서 힘을 얻었어요."

가영은 생활뿐만 아니라 일에서도 자신에게 주어진 역할을 정해진 기간 내에 잘 완수하기 위해 착실히 계획하는 편이다.

"늘 여러 가지 마감이 눈앞에 있죠. 당시엔 힘들어도 지나고 보면 결국 재밌게 즐긴 과정이었어요. 저는 제 역할이 좋아요. 저는 큰 그림을 그리기보다 눈앞에 보이는 일을 충실히 하는 스타일인가 봐요. 마감 기한을 지켜내는 것도 자극이 되고 좋아요. 직접 연출해서 결과물이 만족스럽고 피드백이 좋은 프로젝트들이 생기니 그것도 좋고요. 예산의 한계가 있을 뿐 내용과 방식의 한계가 없으니 과정들이 재밌게 느껴져요."

가영은 자신을 믿어주고 역할을 맡기는 홍이 좋았다. 홍은 가영이 잘할 수 있는 것, 강점 중심으로 일할 수 있게 해주었다.

"동환 팀장님은 디테일이 강해요. 제가 놓치는 부분을 짚어주고,

'밴드 흥'에서 공연 중인 가영　　　　　　　　　　　　사진 ⓒ 이윤경

세부적인 걸 챙겨주는 사람이죠. 너무 꼼꼼하셔서 가끔 똑같은 얘기를 반복하시지만, 그래도 예산에 맞게 기획할 수 있도록 잘 도와주세요. 그 과정에서 대화도 많이 나눌 수 있는 선배님이시죠. 학교 때부터 동아리 직속 선배이기도 하고요. 처음에 흥 적응할 때도 도움을 많이 주셨어요.

디자인 작업을 하다 보면 상상력이 필요할 때가 있는데, 기영은 제게 아이디어를 많이 던져줘요. 어디서 그런 에너지가 나오는지 신기해요. 때로는 제가 그 친구의 아이디어를 강탈해서 구현하기도 하죠.

같이 홍보팀에 있는 석현 팀장님은 저한테 일을 시키지 않아요. 주로 아카이빙과 영상 제작을 도맡아 하시고, 저는 편집 디자인 중심으로 자연스럽게 분업이 되고 있어요. 홍보팀 자체적으로 회의를 좀 자주 하고 학습도 해야 하는데 쳐내야 할 일이 많은 팀이라 걱정입니다.

준호 대표님은 저에게 고민거리를 던져주는 선배님이죠. 5년 뒤에 나는 어떤 모습일지, 어떤 음악을 해나가야 할지, 잊을 만하면 그런 질문을 제게 던져주시죠.

보성은 술도 좋아하고 사람도 좋아하다 보니 저도 자주 같이 한잔하게 되더라고요. 보성은 저랑 음악 이야기를 많이 나눠요. 흥 밴드하면서 일렉 기타로 처음 합주를 할 때도 제가 어떻게 하면 빨리 배우고 잘할 수 있을지 시스템 설계를 잘 해주었어요. 과제를 주고 언제까지 해 오라고 주문하기도 하고요. 마감 기한을 중시하는 저한테는 가장 적절한 교육 방식이죠."

'사회적 예술'을 디자인하다

"다른 멤버들은 흥의 미래를 너무 심각하게 고민하는 것 같아요. 저는 흥이 잘 해낼 수 있을 거 같은데⋯."

가영은 다른 멤버들보다 더 흥의 자립을 긍정적으로 생각한다. 흥은 좋은 방향으로 가고 있고 잘할 수 있으리라 굳게 믿는다.

"흥은 기능이 중요하게 작동하는 예술보다는 사회적 메시지나 내용을 중요하게 다루는 예술활동을 하고 싶어 해요. 저는 흥이 잘할 수 있는 예술활동이나 콘텐츠가 어떻게 하면 더 많은 사람들을 만나고 확장될 수 있을지 고민하고 있어요. 단순히 집회에서 노래하는 예술 행위가 아니라, 우리만의 방식으로 좀 더 세련되게 또래 친구들이나 이 시대를 살아가는 사람들이 공감할 수 있는 콘텐츠를 만들고 싶어요. 아직은 부족할 수도 있고 다양한 시도를 해봐야겠지만, 분명 길이 있을 거예요."

가영은 요즘 흥의 마케팅이 고민이다. 사회적 예술 콘텐츠를 잘 알리려면 조금 더 큰 판을 만들어야 할 것 같기도 하다.

"사회적 예술을 중요한 화두로 만들어야 한다고 생각해요. 우리 입에서만 맴도는 게 아니라 노동자의 삶에 스며들어야 한다고 봐요. '노동'에 대한 부정적인 감각이 이미 팽배하다면 차라리 완전히 급진적인 문화예술 형태로 보여준다든지, 아니면 아예 가벼운 일상 언어로 친숙하게 다가가는 식으로요. 그런 측면에서 기존의 '노동예술지원센터'라는 명칭은 애매한 포지션의 단어였다고 생각해요. 흥도 수익 부분을 반드시 고민해야 하는데 언어의 장벽이 높으면 이해가 힘들고 접근하기도 쉽지 않잖아요. 사람들도 자연스럽게 접할 수 있는 용어가 필요하다고 생각했어요. 그래서 '신진문화예술행동'이라는 명칭이 채택되었죠. '사회적 예술 플랫폼'을 구상하겠다는 방향도 잘 어필할 수 있을 것 같아요.

흥은 한창 브랜딩이 필요한 시기에요. 굿즈 제작은 기본이고, 홍보 영상 제작도 해야 해요. 여윳돈이 생겨야 제작할 수 있긴 하지만 어쨌든 제 눈앞에 일이 없을 때 조금씩 구상을 하고 있어요. 사회적 예술 마케팅은 어떻게 하는 건지 궁금해서 사례를 찾아봤지만 마땅히 흥의 사례를 적용할 만한 케이스가 없었어요. 그래서 얼마 전에 홍보팀에서 야심차게 준비해서 마케팅 세미나를 진행해보려고 했는데 단번에 되진 않더라고요."

가영은 흥에서 자체 제작한 특수고용노동자백서 콘텐츠들을 어떻게 확산시킬지 아직 답을 찾고 있다. 택배 노동자 같은 플랫폼 노동 시장이 급격히 증가하면서 분명 중요한 키워드인 건 맞는데, 잘 알려지지 않는 이유를 찾고 있다.

"어떻게 해야 알릴 수 있을까요? 유튜브에 뭘 올리면 우리 콘텐츠가 더 힘이 없어지는 느낌이 들 때가 있어요. 많은 사람들이 SNS 플랫폼을 사용한다지만 대중이 찾는 콘텐츠는 따로 있더라고요. 우리의 주요 타깃층은 누구인지, 그들을 상대로 수익을 발생시킬 수 있는지, 그럴 수 없다면 B2G로 방향을 확정하고 공적 기금을 운영하는 기관을 제대로 설득해서 사업비를 투자받는다든지 하는 고민을 해야 하지 않을까요?"

가영은 흥의 미래를 가장 긍정적으로 바라보는 멤버인 동시에 가장 구체적으로 구상하는 멤버다. 가영의 말처럼 흥의 청사진은 어디 멀리 있는 게 아니다. 서로의 강점을 알아주고 본능에 가까운 협업이 이루어지면서도 각자의 개성이 빚어낸 톱니바퀴가 맞물려 돌아간다면, 어떤 어려움을 겪더라도 다시 시작할 수 있다. 기영이 바라보는 흥의 미래는 바로 그런 모습일 터이다.

배보성_
연대가 예술이 되는 경험

'흥'의 흥을 책임지는 해결사

코로나19로 한 주가 멀다 하고 사업 내용을 변경하고 대안을 찾는 일
이 반복되면서 흥은 지친 기색이 역력했다. 이렇게 분위기가 심상치
않을 땐 보성이 나선다. 보성은 표현이 섬세한 스타일은 아니지만 도
움을 필요로 하는 멤버들을 누구보다 잘 짚어내고 해결한다. 특히
컴퓨터와 뉴미디어 기술에 능해 일상에서 웬만한 문제는 해결하는
편이다.

보성도 광혁, 석현, 동환처럼 부문연의 중심에서 활동했다. 앞서
문예패를 졸업한 선배들이 인디 밴드 활동으로 음악을 계속하는 것
을 보고 '저 정도면 나도 해볼 만하겠다'는 생각이 들었다. 맨 처음
활동한 '브록스'라는 밴드에서 베이스를 맡았다. 군대를 다녀와서는
흥이 하는 행사에 프리랜서 스태프로 일했고, 지금은 흥이 되었다.
그 안에서 보배 같은 존재로 성장하고 있다.

"2019년 9월에 정식으로 결합했어요. 그전부터 밴드 '흥' 공연이 있을 때면 세션으로 함께하긴 했어요. 제가 음향 엔지니어 일도 하니까 공연 있을 때 음향 서포트도 하고, 음원 작업도 같이 했죠."

브룩스 활동을 하면서 선배들과 함께 뮤지션으로 성장하기 시작했고, 지금은 '윙크차일드태퍼스'에서 활동 중이다.

"저는 4학년까지 문예패 활동을 했어요. 지금 생각해보면 부문연 의장을 하던 최동환 선배는 참 후줄근했는데, 그때 저한테는 정말 큰 사람이었죠. 동환 선배가 군대 가고 저는 문예패에 남아서 활동을 계속했는데, 형이 전역을 하더니 갑자기 밴드를 같이 하자고 하시더라고요. 당시에는 바로 결정 못 했고 2017년 군대 다녀와서 완전히 결합했어요."

공대생에서 음향 엔지니어로

보성은 부산대학교 기계공학부를 자퇴했다. 학교를 다닌 지 6년쯤 되었을 때 대학에서 배운 게 뭔가 싶은 깊은 회의가 들었고, 그렇게 그만뒀다. 전역 후 1년 반 정도 앞으로 어떻게 살아야 할지 고민하며 방황하는 시기가 있었지만, 졸업에 대한 미련은 전혀 없었다.

그는 구미에서 두 형제 중 맏이로 태어났다. 베트남에서 오래 일하신 아버지와 홀로 형제를 키우느라 힘드셨을 어머니의 마음을 누구보다 잘 헤아리는 장남이었다. 부모님의 기대도 컸다. 입학 원서를 넣을 때 세 군데 대학 모두 '기계공학부'를 지원했다. 당연히 취업을 위한 선택이었다. 부산대 기계공학부 합격 소식을 들었을 땐 이대로 졸업만 잘 하면 취직은 보장되겠지 하는 마음이었다. 그렇게 학교에 첫발을 내딛고, 밥을 사준다는 선배를 따라 다니다 정신을 차려 보니 노래패 동아리방이었고, 선배들의 이야기에 귀 기울이며 따라다니다 보니 집회 현장에 와 있었다.

"처음 갔던 집회가 어디였는지는 기억나지 않지만 그때의 분위기는 어렴풋이 기억해요. 뭐가 문제여서 이렇게 많은 사람들이 모여 있는 걸까, 얼마나 분하고 억울하면 저렇게 호소할까…. 너무나 당연한 것을 요구한다는 생각이 들었어요. 안정적인 직장에 취직해서 잘 먹고 잘살려고 했던 제가 이제껏 모르고 살았던 사회의 어두운 이면을 보게 된 거죠. '목소리를 함께 내는 것만으로도 도움이 될까? 어떻게 바꿔볼 수 있을까?' 하는 생각들을 조금씩 하게 됐어요."

보성은 전문적인 음향 엔지니어를 준비 중이다. 공연 현장에서 음향 콘솔을 맡기도 하고, 녹음실에서 음원 작업에 필요한 레코딩과 믹싱, 마스터링을 책임지기도 한다.

"이 일을 하게 된 계기가 있어요. 3학년 노래패 연합에 있을 때 학생회 선거 시즌에 선거송을 만들어야 했는데, 녹음에 대해서는 아무것도 몰랐어요. 그때부터 유튜브로 공부하기 시작했어요. 아는 동아리 선배한테 장비 빌리고 동아리방에 굴러다니는 마이크를 찾아서 세팅을 해봤어요. 녹음실이 따로 없으니 동아리방에서 후배들 조용히 시키고 노래 잘하는 친구들 데리고 와서 첫 녹음을 했죠. 반값 등록금 관련 문화공연에 필요한 개사곡으로 기억해요.

전역하고 본격적으로 밴드 활동하면서 가이드 음원을 만든다거나 신곡 작업할 때 전반적인 레코딩과 믹싱 기술을 공부하게 됐죠. 당시에는 물어볼 사람이 거의 없어서 유튜브랑 책으로 독학했어요.

녹음 장비도 마땅히 없어서 브룩스가 공연해서 돈을 벌면 그걸로 장비 사 모으면서 연습했어요."

공대생이 음악을 하면 소리도 공학적으로 다가올까? 보성이 느끼는 사운드 작업의 매력이 뭔지 궁금했다.

"내 마음대로 만들 수 있다는 거죠. 같은 소스를 가지고 믹싱을 해도 누가 하느냐에 따라 달라지거든요. 내가 생각한 대로 사운드를 만들 수 있다는 게 매력적이에요. 1차 음원을 들으면 여러 생각이 떠올라요. 이 악기와 저 악기의 밸런스, 리버브, 공간계, 에코 등등을 어떻게 해볼까 구상하고 만지다 보면 시행착오도 있고 생각한 대로 만들어지기도 하죠. 그렇게 제가 가공한 음원을 최종적으로 들으면 뿌듯하고 재미있어요."

최근에는 서울에 올라가 무대예술전문인 자격 3급 시험을 쳤다. 이론 과정에 필요한 공통 과목에서는 공연법, 공연장, 무대 기술, 극장 상식 등에 대한 공부가 필요하고, 실기에는 주로 듣는 문제가 나온다. 예를 들면 가청 주파수 2,000~20,000 헤르츠를 맞힌다거나, 여러 개의 케이블이 연결된 상태에서 무엇이 잘못되었는지 알아낸다거나, 현장 시스템을 깔아놓고 모니터와 스피커 여러 대 중에서 어떤 모니터에 무슨 문제가 있는지 찾아내는 것을 테스트한다. 하루 이틀 공부한다고 치를 수 있는 시험이 아닌데 보성은 한 번에 통과했다.

"검정 기관이 인정하는 기관, 공연법상에 등록된 기관에서 실무 경력이 3년 이상 있어야 하고 3급 자격증이 있어야 2급 시험을 칠 수 있는 자격이 주어져요. 웬만한 민간 업체에서의 경력은 인정해주지 않아요. 그렇지만 공연법상에 등록된 기관은 일자리 자체가 많지 않아서 경력을 쌓기 쉽지 않아요. 학원에서 더 전문적으로 배워보고 싶은데 흥에서 일하면서 병행하기 힘들 것 같아 혼자서 꾸준히 공부하고 있어요."

보성은 주변에서 결과물에 대한 피드백을 아무리 좋게 해줘도 스스로 만족스럽지 않으면 마음에 차지 않는다. 자기 자신이 인정할 수 있을 때까지 노력하는 사람이다. 음향 기술 영역뿐만 아니라 흥 활동에서도 스스로에게 동기 부여하기를 게을리하지 않는다.

"저는 제가 항상 모자라다고 생각해요. 지금까지 제가 만진 음원 결과물이 많은데, 100퍼센트 만족스럽진 않아요. 그래서 계속 공부하는 거고, 그건 흥과 저 모두를 위한 거예요."

좋아하는 사람들과 함께 일하기

"요즘 일반 대중이 접하는 콘텐츠의 퀄리티가 빠르게 높아지고 있잖아요. 솔직히 우리가 아무리 좋은 결과물을 내도 자본이 받쳐주는 상업 콘텐츠를 따라갈 순 없어요. 그렇다 하더라도 우리 나름대로의 퀄리티를 최대한 끌어올려야한다고 생각해요. 시대의 변화를 담은 새로운 민중가요를 흥에서 만들어보고 싶어요."

문예패 시절부터 돌아보건대 보성은 기본적으로 사람과 공동체, 그 속에서 함께 뭔가를 만들어가는 게 좋았다. 흥을 같이하고 있는 이유도 멤버들이 너무 좋아서인데, 요즘은 그게 또 고민이다.

"요즘 저처럼 단순히 같이 일하는 사람이 좋아서 일하는 사람은 잘 없잖아요. 그 이유만으로 일을 해도 되는지 고민이에요."

밴드 활동을 처음 할 때도 선배들이 "너는 왜 밴드를 하냐"고 질문한 적이 있는데, 같이하는 사람이 좋아서 한다는 대답 말고는 할 말이 없었다. 다만 부모님이 똑같이 질문했을 때는 다른 답을 했다. 차마 사람이 좋아서 한다고 할 수 없어서 그냥 "제가 좋아서 하는 일입니다"라고 대답했다.

보성은 요즘 다른 답을 찾고 있는 중이다. 사람을 좋아하는 것과 사람을 잘 대하는 것은 다른 차원의 문제라는 걸 부쩍 느낀다.

"요사이 우리 대표이신 준호 형에게 고맙다고 느끼는 게 하나 있어요. 지금은 많이 고쳤다고 생각하니까 할 수 있는 말이기도 한데요. 제가 워낙 사람을 좋아하니까 주변 사람들을 너무 스스럼없이 편하게 대했나 봐요. 대표님은 흥에 와서 본격적으로 알게 돼서 가까워진 지 얼마 안 되었지만, 저를 위하는 마음이 느껴지는 충고를 많이 해주셨어요. 친한 사이라는 생각에 건넨 말이 상처를 주는 경우가 있는데, 저는 어떤 표현이 상처가 되는지 잘 몰랐던 것 같아요. 그럴 때마다 대표님이 스윽 불러서 그런 표현은 안 하는 게 좋겠다고 말씀해주시더라고요. 흥에 들어와서 함께 일하는 사람들을 대하는 태도와 배려하는 방법에 대해 많이 생각해보게 됐어요. 요즘도 한 번씩 지적당하긴 하는데 예전에 비해서 빈도가 많이 줄었다고 생각해요. 대표님께 정말 고마워요. 형이 저를 대하는 모습을 보면서도 섬세하게 사람을 대하는 방법을 배웁니다."

연대 그 자체가 예술이 되는 경험

"제가 흥이랑 같이 했던 일 중에 가장 기억에 남는 건 서면 1번가에서 열린 문화다양성 축제였어요. 무대 없이 바닥에 트러스와 조명만

현장에서 음향을 담당하는 보성   사진 ⓒ 이윤경

설치했던 축제죠. 그때 '연대'에 대해 생각하게 됐어요. 기존에는 여러 집회에 참여하면서도 '연대'에 대해 깊게 생각해보지 않았어요. 축제 마지막에 참여자와 기획자와 예술인이 다 같이 무대로 나와 섞이고 노래하고 춤추고 놀았는데요, 그 풍경 자체가 '연대'의 의미를 시각화해서 보여주는 것이었어요. 그런 차원에서 문화다양성 축제는 단순히 집회에 참여해서 연대하는 것보다 더 확대된 어떤 온도를 느낄 수 있는 경험이었어요."

보성은 그러한 연대를 가능케 하는 힘이 예술에 있다고 믿는다.

"대부분 그렇겠지만 저도 어릴 적에 예술이라고 하면 노래하고 그림 그리는 활동을 떠올렸던 사람 중 한명이었어요. 요즘 제가 느끼는 예술은 장르의 차원보다는 소통 방식 중 하나로 더 다가오는 것 같아요. 홍이 지향하는 '사회적 예술'에 들어있는 예술의 개념도 선한 영향력을 끼치고 싶은 의지나 행동을 표현하겠다는 의미가 담겨 있는 것 같아요. '좋은 세상을 만들자'고 말로만 외치는 변화가 아닌 거죠. 저는 그게 가능하다는 걸 몸소 경험했습니다. 대학 시절 과방에서 민중가요를 자주 들었는데, 마냥 좋아서 듣기 시작했지만 들으면서 생각도 많아졌고 행동에 나서게 되었거든요. 전 예술이 다른 게 아닌 것 같아요. 그때의 노래들이 있었기 때문에 지금 제가 여기 있는 거라고 생각해요. 그게 아니라면 저는 졸업해서 취직하고 돈 벌면서 떵떵거리며 살고 있겠죠."

보성에게 가장 즐겨 불렀던 민중가요가 뭐였는지 물었다.

"'조국과 청춘'의 〈언제까지나〉 자주 불렀어요. 세월~ 속에 우리 모~습 변~하여도, 그 노래 잊지 않~으리~히~. 새~로운 세상 그 앞에~선 우리 변치 않고 노~래하리~ 언제~까~지나~."

취직이 보장된 삶이 아닌 '사람'을 선택했다고 해도 과언이 아니다. 사람이 좋아서 밴드를 하고 좋아하는 사람이 많이 있어서 흥을 선택했다. 그러니 예술로 좋은 세상을 만들어낼 수 있다는 증거가 바로 자기 자신이라고 말하는 건 결코 억지 주장이 아닌 듯하다. 보성은 자신이 경험한 예술의 힘을 흥 멤버들과 계속 나누고 싶다고 했다.

"음향 엔지니어로 전문적인 역량을 갖추는 것은 저에게 정말 중요한 일이죠. 그건 나중에 흥을 나와서 다른 음향업체에 취직하기 위해서라든지 문화 기관에 취직하기 위한 준비가 아니에요. 언제 가능할지는 모르겠지만 흥이 지금보다 더 확실한 단체로 성장하고, 흥 멤버들과 온전히 함께 그 성장을 누리는 데 기여할 수 있으면 좋겠어요."

이야기를 나눌수록 흥에 대한 애정이 느껴졌다. 보성은 흥이 자신에게 힘이 되어준 순간들을 털어놓았다.

"저는 밤에 혼자 음원 작업할 때가 많아요. 외롭고 쓸쓸하지만 혼자 할 수밖에 없는 작업이죠. 그렇게 혼자 일하다 보면 '아, 누가 나한테 관심 좀 가져줬으면 좋겠다' 할 때가 있는데요. 한 번씩 동환 선배가 불쑥 작업실 들러서 한마디 하고 가시거든요. 간식거리도 사다주시고… 이래라 저래라가 아니라 그냥 같이 있어주는 것만으로도 힘이 되는 것 같아요.

흥 내부에서 구성원들이 저에게 그렇게 힘을 준다면, 밖에서는 연대 공연할 때 관객 분들에게 힘을 많이 받죠. 노동자 집회든, 시민사회 집회든 항상 흥을 좋아해주시니까요. 저희가 준비한 공연이 대단한 건 아니지만 이 분들에게 조금이나마 힘이 되어줄 수 있구나 느껴질 때 저도 같이 힘을 받는 것 같아요. 그중에서도 찐으로 텐션이 올랐던 공연들을 떠올려보면 생계형 공연이 아닌 연대 공연을 할 때인 것 같아요. 생계형 공연은 자본주의적 텐션이라고나 할까요.

최근에는 2020년 8·15대회 때 백운포 해군 기지 앞 시국대회에 참여했던 게 떠오르네요. 흥 멤버 여섯 명이 다 올라가서 관객들이랑 같이 노래를 하는데 텐션이 절로 올라오더라고요. 퍼포먼스를 위한 오버가 아니라 다들 진짜 진심으로 텐션을 터뜨렸어요. 무대가 좀 큰 판이어서 그랬나 싶기도 한데, 관객들이 함께 즐기고 꼬꼬마들이 여기저기서 춤추는 거 보니까 저도 덩달아 즐겁더라고요."

2020년이 흥 활동 1년차인 보성에게는 흥이 무엇을 위해 지금의 사업들을 이어왔는지 알아가는 시간이었다.

"한 해는 당연히 그렇게 보내는 것이 맞다고 생각했고요. 2021년에는 제가 홍에서 하고 싶은 것, 제가 1년을 하면서 느꼈던 고민들, 제가 가진 엔지니어링 능력을 어떻게 잘 버무려서 2021년 사업에 녹여낼 수 있을지 찾아가는 것이 저의 과제이자 목표라고 생각합니다. 단순히 나열되어 있는 사업을 따라가는 것이 아니라 제가 조금더 주체가 되는 그런 활동을 만들어나가는 한 해가 될 거 같아요."

2장

예술하는 노동자

흥 준비기에 사업을 구상하면서 초기 멤버들은 여러 종류의 딜레마에 빠졌다 나오기를 반복했다. 그중 하나는 갈수록 노동환경은 나빠지는데 쉼이 필요한 노동자의 일상에 예술이 어떻게 스며들 수 있을까에 대한 답을 찾는 것이었다. 힘들게 보낸 하루의 끝을 예술활동으로 갈무리하는 건 어쩌면 꿈같은 일일지도 모르겠다는 생각이 들었다. 우리 안에 답은 없었다. 그래서 현장으로 가야 했다.

그래서 흥은 한국 사회를 살아가는 평범한 사람들의 노동 이야기를 문화예술 콘텐츠로 전하는 '노동요 프로젝트'를 기획했다. 노동요 프로젝트를 준비할 때부터 시즌 1, 2를 수행하는 기간 내내 노조 현장을 찾아가 노동자들을 직접 만나 예술활동을 하는 데 어떤 어려움이 있는지 혹은 어떤 활동이 필요한지 질문하고 현장의 목소리를 기록하고 사업계획서를 수정했다. 그리고 2년에 걸쳐 부산의 노동자들과 함께 프로젝트를 만들어갔다.

2017년과 2018년에는 노동자들이 직접 자신의 이야기를 표현하는 데 집중했다면, 2019년에는 프로젝트의 성과를 이어 가면서도 '노동과 예술'의 가치를 높이고 새로운 노동예술 콘텐츠를 선보이는 실험을 하는 '노블레스 U'라는 브랜딩을 런칭했다.

노동요 프로젝트 시즌 1

2017년 노동요 프로젝트 시즌 1은 춤, 노래, 그림, 사진, 영상 등 다섯 가지의 매개체를 기반으로 다양한 노동 이슈와 일터 풍경을 선보였다. 각 장르에서 활약하고 있는 지역 예술인들이 강사가 되어 '노동' 이슈에 대해 모여서 공부하고 각자의 '예술 노동'을 말해보기도 했다.

노동요 프로젝트 시즌의 결과물은 전시회에서 빛을 발했다. 참여 노농자들의 예술은 전시를 보러 온 동료와 가족에게 편안한 공감과 위로를 건넸다. 젊은 예술가 친구들이 노동자들과 함께 기념사진을 찍고 작품을 보며 지난 수고와 노력에 대해 감사의 마음을 주고받았다. 예술하는 노동자와 노동하는 예술가는 서로 닮아 있었다.

댄싱맘 프로젝트

〈학교에 꼭 필요한 나야 나〉 댄스 영상

〈최저임금 5만 원〉 댄스 영상

우리의 슬로건을 춤으로!

오랜 시간 학교 비정규직 노동자로 일하며 부당한 처우를 받아온 부산학교비정규직노동조합(부산학비) 소속 '엄마'들이 모였다.

학생들은 학교 보안관의 도움을 받고 등굣길에 나선다. 정규 과목 외에도 스포츠 강사, 영어 강사에게 방과 후 수업을 받는다. 영양사는 식단을 짜고, 조리사와 조리원 들은 음식을 만들어 학생들에게 배식한다. 정규 수업이 끝나면 방과 후 교사가 학생들을 가르치고, 방과 후 학교에 출근하는 당직 기사들은 학교의 문단속과 경비에 힘쓴다. 등교부터 하교까지 학생들의 모든 것을 책임지고 있는 이들은 모두 학교 비정규직 노동자들이지만 이들에 대한 처우는 열악하다.

참여자들은 학교 비정규직 노동자들의 생존을 위한 최소한의 요구이자 시대의 요구인 '최저임금 1만 원', '근속수당 5만 원'을 주요 슬로건으로 삼았다. 기존 가요를 개사한 〈슬로건 송〉을 만들고, 노래에 걸맞은 안무를 짜서 춤으로 표현했다. 부산의 유명 스트리트 댄스 팀인 '킬라몽키즈'가 함께했다.

댄싱맘 프로젝트에 참여한 학교비정규직노동조합 조합원들

강　　　사　킬라몽키즈 양문창

참여 노동자　서희자, 이외영, 임행임, 조덕자, 최순옥

조덕자_ 학교 도서관 사서

"처음에는 너무 몸치였기 때문에 '과연 우리가 해낼 수 있을까?' 하는 걱정이 많았는데, 선생님께서 너무 즐겁게 우리 동작 하나하나를 다 코치해 주셨어요."

서희자_ 학교 도서관 사서

"학교에서 있었던 이런저런 이야기들을 하면서 춤도 배우니까 재밌는 거 같아요. 서로의 몸짓이 우스워서 친해지기도 하고, 재밌기도 하고, 즐겁게 진행했어요."

돌봄, 나를 돌아봄 프로젝트

'돌봄, 나를 돌아봄' 프로젝트 메이킹 영상

사 진 으 로 나 를 돌 아 보 는 경 험

'돌봄, 나를 돌아봄'
프로젝트 포스터

아이 돌보미, 산모 관리사, 장애인 활동 보조인, 요양 보호사 등 '돌봄'이 필요한 곳에는 '돌봄 노동자'들이 있다. 휴게 장소와 휴게 시간이 보장되지 않으며, 비현실적인 임금 수준을 감내하면서도 돌보는 대상에 대한 애정과 신념으로 자신의 일을 묵묵히 해내는 그들. 흥은 이 프로젝트를 통해 타인을 돌보기만 하던 노동자가 카메라를 통해 자신의 마음을 바라보는 시간을 가지길 바랐다. 노동자가 포착한 네모난 프레임 안에는 그들이 돌보고 있는 사람들의 평화로운 순간이 담겨 있다. 그 속에 그들이 생산한 돌봄 노동의 가치가 드러난다. 이 프로젝트는 '부산 여성비정규직노동센터'와 사진작가 김주찬 님이 함께했다.

강   사 김주찬

참여 노동자 구양희, 권태자, 김명희, 배영란, 양명자, 윤일숙, 이인숙, 진
           선자, 정정임, 허성례, 황순양

직접 찍은 사진을 들고 있는 프로젝트 참여자들

이인숙_ 산모·신생아 건강 관리사

"어릴 때는 사진 찍기를 좋아했는데요. 점점 나이를 먹어가면서 제 사진보다는 제 아이의 사진이나 일과 관계된 신생아의 사진을 주로 찍게 되더라고요."

권태자_ 산모·신생아 건강 관리사

"우리가 하는 일이 아기를 돌보는 일이다 보니까 거의 아기들 사진을 찍게 되거든요. 근데 내가 사진을 찍으면서 돌보니까 좀 더 신경을 쓰게 되는 것 같아요."

허성례_ 산모·신생아 건강 관리사

"아이와 내가 교감하는 장면들을 담고 싶은 욕심이 생겨서 사진을 배우고 담아봤어요. 저의 노동을 사진 속에 담는다는 게 정말 큰 의미였구나 싶어요. 보람 있고 뜻 깊고 좋았습니다."

아프니까 TV 프로젝트

부산청년유니온이 만든 웹 콩트 〈폐기인생〉

'아프니까 TV' 프로젝트 메이킹 영상

아프니까 청춘이다? 아프면 환자다!

이 시대의 청년들은 주거, 일자리, 복지, 결혼, 출산, 육아 등 다양
한 사회 문제가 교차하는 지점한 위치한 세대이다. 수도권으로 떠나
지 않고 지방에 남은 청년들은 안정된 일자리조차 찾기 힘들다. 어떤
이는 "아프니까 청춘이다"라고 말했지만, 청년이라는 이유로 사회의
불평등을 고스란히 개인의 능력으로 헤쳐나가려면 연애와 결혼, 출
산은 그저 사치일 뿐이다. 청년노동조합 '부산청년유니온' 조합원들
은 아프지 않게 살고 싶은 청춘들의 이야기를 그들의 시각으로 풀어
내 웹 콩트를 만들었다. 기획·구성·촬영·편집까지 부산청년유니온
과 청년 미디어 노동자들이 만든 협동조합 '미디토리협동조합'의 협
업으로 진행되었다.

강   사 미디토리협동조합 황지민
참여 노동자 김성훈, 류강현, 박주영, 안지영

'아프니까 TV' 프로젝트 영상

김성훈_ 부산청년유니온 활동가

"청년유니온은 청년들의 세대별 노동조합이고요, 사회 초년생들이나 알바일을 처음해보신 분들에게 일하면서 겪을 수 있는 다양한 노동 사안에 대해서 잘 알려드리고 싶었어요. 더 잘 전달할 수 있는 방법, 기술이 필요했어요. 처음에는 재밌겠다 생각했는데, 영상 제작 과정마다 그것도 노동이더라고요. 촬영하는 것부터 편집하고 짜깁기하는 것까지…. 다 만들고 나니 뜻 깊고 즐거운 시간이었어요."

류강현_ 대학생

"촬영하면서 예전에 아르바이트 하면서 겪었던 일들이 생각나기도 했어요. 아르바이트 당사자가 겪을 수 있는 상황과 점장님의 상황들을 잘 조합해서 전달하고 싶었어요."

일터드로잉 프로젝트

'일터드로잉' 프로젝트 메이킹 영상

손끝에서 연결되는 나의 일터와 노동

우리는 하루의 3분의 1을 일터에서 보낸다. 달라질 것 없는 일터에서 반복적인 노동을 할 때 나는 어떤 표정으로 자신을 지탱하고 있을까? 일터드로잉 프로젝트 참여자들은 나뿐만 아니라 타인이 일하는 찰나를 그림으로 만났다. 매일 보던 풍경인데 하얀 종이에 그려놓으니 사뭇 낯설기도 했다.

'일터드로잉' 프로젝트 포스터

일터 속 사물과 공간이 지닌 선을 발견하여 일터 속 나와 하나씩 나와 연결해 보면 또 다른 세상이 보였다. 혼자서 취미 삼아 끄적이던 그림은 그리다 말고를 반복하기 일쑤였지만, 함께 모여 각자의 일 경험을 나누며 그리다 보면 어느새 그림 속 나를 만난다. 이 프로젝트는 일상 드로잉 작가 박조건형 님과 함께했다.

강   사 박조건형

참여 노동자 변영은, 안병욱, 윤석현, 이지은, 조수연, 조재연, 양창아

일터드로잉 작품 엽서   ⓒ 조재연

변영은_ 회사원

"아무래도 24시간 중에 일터에 있는 시간이 가장 긴데. 거기서 함께 일하는 동료라든지 내가 하는 일들을 이렇게 기록으로 남긴다는 게 굉장히 의미 있다는 생각이 들었어요."

조재연_ 참여자

"일터드로잉이라는 걸 접하고 나서 제 일터에 대한 소중함도 더 커지고 좀 더 추억을 쌓을 수 있었던 거 같아요. 프로젝트의 결과물인 업시도 너무 마음에 들어요."

피스메이커스 프로젝트

피스메이커스의 EP 앨범 『Be정규직』 티저 영상

'피스메이커스' 프로젝트 메이킹 영상

우리의 첫 번째 EP 앨범 『Be정규직』

'부산 노동자겨레하나' 소속 밴드 '피스메이커스' 6명은 모두 정규직
이다. 이들은 자신의 노동에 대한 정당한 대우를 받을 수 있는 사회
를 꿈꾸며 비정규직 노동자들에게 바치는 연대의 멜로디를 만들었
다. 흥겨운 듯하다가도 구슬픈 레게 리듬에 맞춰 구성진 멜로디를 붙
여나갔다. 이 프로젝트는 부산에서 활동하는 인디 레게 밴드 '해피피
플'과의 협업으로 진행되었다.

강   사 '해피피플' 하창욱

참여 노동자 신동호, 유민지, 윤건, 지승태, 전태철

지승태_ 지하철 전기관리직

"저희가 다 노동자이고 청년이기도 하고 해서 그런 우리들의 이야기를 의
미 있는 노래로 불러보고 싶었어요."

노동자 밴드 '피스메이커스'   사진 ⓒ 피스메이커스

윤건_ 초등학교 교사

"음악을 만들 수 있는 사람이 되면 얼마나 좋을까 하는 생각을 평소에 했었는데 그 꿈을 이루고 있는 것 같아서 매우 뿌듯해요."

흥이 묻고 참여 예술인이 답하다

노동요 프로젝트가 마무리되었습니다. 참여자들과 함께하면서 어떤 생각
이 드셨는지 궁금합니다.

황지민_ 아프니까 TV 프로젝트 청년 노동자들이 모여서 서로의 이야기를
풀어낼 때 그분들의 이야기가 아니라 저를 포함한 우리의 이야기라는 생
각이 들었어요.

하창욱_ 피스메이커스 프로젝트 현장에서 일하면서 들었던 생각을 노래로
만드시니까, 저처럼 막연하게 좋은 가사를 써보자는 게 아니라 진짜 현실
적인 이야기들이 많으시더라고요.

박조건형_ 일터드로잉 프로젝트 제가 노동하면서 제 삶을 조금씩 의미 있
게 만들어갔듯이 참여하신 분들도 드로잉을 통해서 자기 삶에서 의미를
발견하고, 자기 삶을 기록하고. 그 과정이 새로운 에너지원이 되었으면 좋
겠다는 생각으로 함께했어요.

김주찬_ 돌봄, 나를 돌아봄 프로젝트 자기 삶을 예술로 표현해보고 그분들
의 삶 자체에 예술이 녹아들어갔으면 좋겠다는 취지에 공감해요. 사진도

언어고 표현 수단이라고 생각하거든요.

양문창_ 댄싱맘 프로젝트 참여하신 분들도 노동자지만, 저희도 안무를 짜고 몸을 쓰는 문화예술 노동자잖아요. 그런 마음으로 함께했어요.

프로젝트를 진행하면서 힘들었거나 개선했으면 하는 부분이 있었다면 무엇일까요?

박조건형 비정규직 노동자만 대상으로 모집하기가 생각보다 힘들었어요. 일터드로잉 수업은 저녁 시간에 배치한다면 정규직도 가능할 듯해요. 아무튼 홍보하기가 좀 힘들었어요.

이광혁(흥) 흥의 주요 참여 대상이 비정규직이다 보니 1차적으로 그렇게 모집을 해보려고 했는데요. 제가 생각할 때도 일터드로잉은 정규직, 비정규직을 굳이 나눌 필요가 없을 것 같아요.

양문창 강의가 계속 밀리는 게 힘들었어요. 우리도 비정규직이니까 서로 시간 잡기가 힘들더라고요. 회차가 더 많이 필요한 것 같아요. 모두 바쁘시니까 숙제를 내줄 수 없는 상황이라 안무의 레벨을 낮추는 방법을 선택할 수밖에 없었어요. 꼭 이런 교육 형태가 아니더라도 노조 동아리 단위로 신청을 받아서 메시지가 남긴 개사곡도 만들고, 원데이클래스처럼 쉬운 안무로 찾아가서 춤을 가르쳐드리면 어떨까 하는 생각도 했어요.

황지민 단체 일로 너무 바빠서 따로 숙제를 못하시는 상황이라 진도 빼기가 힘들었어요. 다음에는 콘텐츠 기획을 잘해서 회차 안에 소화 가능하게 진행하는 방법을 고민해야겠어요.

이광혁 영상 작업은 진입 장벽이 높다 보니 더 힘들었을 것 같긴 해요.

황지민 다들 여유가 없으신 것 같아요. 참여하시는 분들이 시간이 잘 안

나더라고요.

양문창 기획자 분들도 욕심을 버리고 좀 내려놓을 필요가 있는 것 같아요.

이광혁 기획의 문제이기도 합니다. 다음엔 더 세밀하게 짜보도록 할게요.

최동환 사진 수업의 경우엔 더 심했어요. 돌봄 노동자 분들의 경우 사적인 공간이다 보니 일터 사진 찍기를 부담스러워하시는 분들도 계셨고요.

황지민 영상 수업의 경우는 후속 사업이 필요한 것 같아요. 플랫폼에 맞는 포맷의 영상 교육을 기획하는 것도 필요하고요.

프로젝트 후에도 계속 배우고 싶다고 하신 분들이 있다고 들었어요. 따로 연락 온 분이 계셨나요?

양문창 학원 수업에 관해 물어보셨어요.

하창욱 파트별 레슨도 하는지 물어보셨어요.

박조건형 저도 드로잉 심화 과정이 필요한 거 같단 생각이 들었어요. 분화가 되면 좋겠다는 생각도 하고요. 드로잉 과정과 수채화 같은 채색 과정을 두는 거죠.

그럼 동아리처럼 만드는 것도 가능하지 않을까요?

양문창 결국 사람들끼리 자주 보고 친해지는 게 중요하다는 생각이 들었어요. 동아리는 예술적 유대감이나 전문성을 키우기 위한 목적도 있지만 무엇보다 사람들 사이의 관계가 중요하니까요.

춤 같은 경우엔 일터에서 반복되는 노동의 움직임 같은 걸 캐치해서 무심결에 추는 춤처럼 만들어볼 수도 있지 않을까요?

양문창 가능해요! 미러링처럼 파트너와 같이 해보는 방법도 있겠네요. 춤을 배우지 않더라도 바로 따라 할 수 있는 데 포커스를 두면 좋을 것 같아요.

황지민 영상도 장르를 조금 더 구체화해보면 좋겠다는 생각이 들어요. 중학생들이 다큐멘터리를 만들기도 하거든요.

김주찬 돌봄 노동자 분들도 초반에 찍어 오신 사진이 되게 좋았어요. 결국 기술보단 스토리가 중요하다는 거겠죠.

황지민 결과물에 대해 대중적인 공감을 이끌어내려면 그것을 보는 대상도 생각해야 하지 않을까요?

이광혁 노동요 프로젝트 1기 콘텐츠 전시회를 열어 여러분도 초대하고, 시민들의 반응도 보고 싶네요. 프로젝트 준비 단계부터 기획, 진행 과정에서 현실에 맞춰 계획을 수정하기도 하고 여러 변수가 있었지만 잘 마무리되어 기쁩니다. 수고 많으셨습니다.

노동요 프로젝트 시즌 1을 함께한 예술인들

전시회 〈노동요 프로젝트 1〉

노동요 프로젝트 시즌 2

노동요 프로젝트 시즌 1은 노동자들이 예술가의 도움을 받아 문화예술 콘텐츠를 생산하는 형태로 진행되었다. 다양한 노동예술 문화를 복원하고 새로운 세대가 공감할 수 있는 방식으로 다섯 가지 장르의 콘텐츠를 만들었다. 이 과정을 온전히 노동자 본인의 의지로 해내야 했다면 쉽지 않았을 것이다. 지역 예술인들이 결합하여 현장 상황에 맞게 지원하는 방식으로 진행했기 때문에 완성도 있는 결과물을 내고, 보고 전시회까지 이어질 수 있었다.

다음 해에 진행된 노동요 프로젝트 시즌 2는 더 다양한 세대의 노동자들과 함께했다. '당신의 노동을 기록합니다' 프로젝트에서는 20대부터 50대까지 다양한 세대의 노동자들이 서로를 인터뷰했고, '소리언대' 프로젝트에서는 중년의 노래패들이 함께했다. 시청과 서면에서 노동자뿐만 아니라 시민들과 소통하기 위한 참여형 전시도 진행했다.

당신의 노동을 기록합니다

8인의 노동자가 서로의 노동을 기록한 글쓰기 프로젝트

각자의 일터에서 일어나는 이야기를 나누기 위해 여덟 명의 노동자가 한자리에 모였다. 그들은 인터뷰어와 인터뷰이가 되어 서로의 노동을 기록했다.

진　　행 김유리

참여 노동자 김인수, 성지민, 손영희, 이대희, 이윤경, 정재경, 주선락, 최동환

"인터뷰는 상대에 대한 관심과 궁금증, 그리고 예의와 존중으로 시작되는 거예요."

'당신의 노동을 기록합니다' 프로젝트를 진행한 김유리 작가의 말이다. 여덟 명의 노동자는 인터뷰 요령과 방법을 배우고 때로는 인터뷰어로 때로는 인터뷰이로 서로의 노동에 관심을 가지고 인터뷰를 진행했다. 이 인터뷰 글쓰기에 참여한 노동

'당신의 노동을 기록합니다' 프로젝트 포스터

자는 간호사, 공연 기획자, 마트 직원, 풍물패 단장, 이주노동인권 활동가, 민주노총 활동가 등 모두 다른 영역에서 일하는 사람들이다.

노동 상담소에서 일하는 성지민 씨는 일주일에 한 번 모여 함께한 시간을 이렇게 기억한다.

"다른 사람을 인터뷰하고, 내가 인터뷰에 응하는 과정은 타인의 노동을 이해하는 과정이자 나의 노동을 돌아본 소중한 시간이었어요."

마트 직원 손영희 씨는 독서를 좋아해 글쓰기로 한 걸음 더 나가고자 이 수업에 참여했다. 손영희 씨는 인터뷰이로 만난 이대희 씨를 이렇게 소개한다.

"불확실한 현재와 삭막한 세상살이에서 자신에게 의미를 부여하며 희망을 품고 사는 젊은이가 있다."

주선락 씨는 성지민 씨와의 인터뷰를 청량한 바람으로 기억한다.

"오십을 넘기면서 여기저기 몸이 말썽을 피우기 시작했다. 어깨를 비롯한 모든 관절이 기름 떨어진 기계마냥 삐걱거리며 잘 돌아가지 않는다. 몸뿐이랴, 20대 대학생 아들딸의 언어와 문화조차 이해하기 어려워하는 기성세대가 되어버렸다. 이런 와중에 20대인 성지민 씨 인터뷰를 하게 되었다. 이 인터뷰는 세대 차이라는 블록이 너무 공고해 소통이 힘들 텐데 어쩌지 하는 나의 답답함을 보기 좋게 날

소책자 『당신의 노동을 기록합니다』

려버린 한 줄기 청량한 바람 같았다. 그와의 꽉 차고 시원한 인터뷰를 소개한다."

　인터뷰를 통해 담담하게 서로의 노동을 기록하고 그 속에서 각자의 노동에 대한 공감을 이루어간 이 프로젝트는 텀블벅 펀딩을 통해 책자를 인쇄하고 유통하고자 했지만 아쉽게도 목표를 달성하지 못했다. 그래서 소량의 부수를 자체 제작하여 보관하고, 필요로 하는 곳에 무료 배포하고 있다.

소리연대 프로젝트

소리연대 프로젝트의 노래 〈우리 사는 세상〉

우 리 는 　목 소 리 로 　세 상 과 　연 대 한 다

부산에는 11년간 현장에서 목소리로 연대하며 활동해온 노래패가 있다. 부산지역현장노래패연합 '소리연대'다. 투쟁 현장에 모인 노동자들을 하나 된 기운으로 북돋우기 위해서 주로 잘 알려진 민중가요나 투쟁가를 부른다. 그러다 보니 정작 소리연대만의 색을 가진 노래를 만들지 못했다. 홍은 2008년부터 지금까지 투쟁의 현장에 그 누구보다 빨리 달려가 노래로 연대했던 선배들에 대한 존경의 마음을 담아 음원으로 제작하고자 했다. 홍과 지역 뮤지션 황태현, 박령순, 배보성 그리고 소리연대가 함께 〈우리 사는 세상〉이라는 노래를 만들었다.

〈우리 사는 세상〉을 연습 중인 소리연대

우리 사는 세상

작사 소리연대, 황태현 **작곡** 황태현 **편곡** 박령순, 배보성

보컬 소리연대 **기타** 배보성 **트럼펫** 천세훈 **트롬본** 이준호

우리 사는 세상 더욱 살맛 나게 / 손에 손을 잡고 함께 만들어요
너와 나의 자유 구속되지 않게 / 언제 어디서나 우리 노래해요

차갑고 어두운 저 바닷속을 / 나의 노동으로 물길을 열고
저 아이들의 빛나는 눈동자 속에 / 부끄럽지 않은 나의 노동으로

우리 사는 세상 더욱 살맛 나게 / 손에 손을 잡고 함께 만들어요
너와 나의 자유 구속되지 않게 / 언제 어디서나 우리 노래해요

어둠을 가르며 매일 달려가는 / 나의 노동으로 새벽을 열고

또 하루하루 힘겹게 살아가는 / 우리 노동자의 이름으로

우리 사는 세상 더욱 살맛 나게 / 손에 손을 잡고 함께 만들어요
너와 나의 자유 구속되지 않게 / 언제 어디서나 우리 노래해요

다시 지금 이곳에서 / 서로의 가슴 뜨겁게 하자
우리 다시 하나 되어 / 세상을 향해 우리 미래를 위해 / 노래하자
우리 사는 세상 더욱 살맛 나게 / 손에 손을 잡고 함께 만들어요
너와 나의 자유 구속되지 않게 / 언제 어디서나 우리 노래해요

시청 광장 '외침의 깔때기'

'외침의 깔때기' 메이킹 영상

나의 목소리가 모두의 외침이 되어

12월 19일 저녁 일곱 시 반, 부산시청 앞에서 '풍산 투쟁과 모든 노동자들의 투쟁 승리를 염원하는 2018 노동자 송년 한마당'이 열렸다. 민주노총 부산본부와 금속노조 부산양산지부가 함께 주최한 이 행사는 장기간 투쟁해온 노동자들을 비롯해 부산 곳곳의 노동자들이 모여 연대의 정을 나누고 2019년 투쟁 승리를 다짐하기 위해 마련했다.

"모든 투쟁하는 사업장을 위해 지지와 연대의 메시지를 적어 '외침의 깔때기'에 넣어주세요."

'외침의 깔때기'가 설치된 시청광장

모두의 외침이 한데 모여 더 멀리 퍼져나가기를 바라는 마음을 깔때기로 형상화하여 노동자들의 참여로 완성하는 방식으로 진행했다. 이 퍼포먼스는 재벌 적폐 청산을 위해 8년째 투쟁 중인 금속노조 풍산마이크로텍 지회와 조형미술을 하는 김등용 작가가 함께 준비했다. 김등용 작가는 시민들이 메시지를 적어서 넣을 수 있는 대형 깔때기(아크릴 활용)를 제작하고, 풍산마이크로텍 노동자들과 흥은 대형 깔때기 주변을 꾸밀 작은 깔때기를 제작했다. 색지를 원뿔 모양으로 말아 테이프를 붙여 만든 깔때기 안에 촛불을 넣고 고정해서 대형 깔때기 주변으로 은은한 불빛을 연출했다. 조형물 옆에는 메시지를 적을 수 있는 테이블도 마련했다. 2019년에는 외침의 깔때기 안에 모인 메시지들이 꼭 이루어지기를 염원했다.

참　여　자 금속노조 풍산마이크로텍 지회. 김등용 작가

노동요 프로젝트가
우리에게 남긴 질문

동환_ 노동요 프로젝트 PM

노동자가 생산하는 문화예술 콘텐츠

돌이켜 보면 노동요 프로젝트는 일차원적인 고민과 접근으로 시작했다. 우리는 노동문화가 침체된 원인을 이 시대 노동자의 감성에 맞는 새로운 노동문화 콘텐츠의 부재 때문이라고 진단했고, 노동을 주제로 한 문화 콘텐츠를 만들자는 결론에 쉽게 도달했다.

"누가 만들지?"라는 질문에도 우리의 답은 단순했다. 문화 생산과 향유가 지속 가능한 선순환 구조를 만들려면 생산자와 소비자가 일치하는 것이 가장 이상적인 구조라고 생각했다. 그렇다면 노동자가 직접 노동문화 콘텐츠를 생산하는 것이 답이었다. 이 선순환 구조 속에서 노동문화 콘텐츠가 풍성해지고 노동문화가 활성화될 수 있다는 막연한 기대감으로 시작한 것이 노동요 프로젝트였다.

노동문화를 활성화하는 데 '생산'은 중요한 키워드였다. 그리고 그만큼 중요한 것이 '지속 가능성'이었다. 흥을 중심으로 프로젝트를 진행하면 어떻게든 콘텐츠가 나온다. 하지만 흥이 주도할 때만 콘텐츠가 생산되는 건 우리가 바라는 것이 아니다. 노동요 프로젝트는 핵심 주체가 빠지면 흐지부지해지는 동아리처럼 운영되지 않길 바라며 만들어간 프로젝트였기 때문이다.

예술인들이 지속적으로 예술활동을 해나가는 원동력 중 하나는 자부심 또는 쾌감일 것이다. 또한 자신이 만든 작품이나 창작물을 소비하는 사람들의 피드백도 예술활동을 지속하는 데 중요한 고리 역할을 한다. 흥은 노동자가 직접 문화예술 콘텐츠를 생산하는 과정에서 느낀 즐거움이 지속적인 창작자로 활동할 수 있게 해주는 계기가 될 것이라고 생각했다. 그런 믿음으로 2년에 걸쳐 음악, 사진, 영상, 설치 미술, 글, 그림 등 여러 영역의 예술인들과 협업하여 프로젝트를 진행했다.

2년의 실험을 마무리하고 나서야 우리가 놓친 몇 가지가 보이기 시작했다.

첫째, 한 번의 생산 경험은 체험에 머무르기 쉽다. 생산 못지않게 지속 가능성이 중요하다는 것을 잘 알고 있었음에도 막상 프로젝트를 진행할 때는 이 부분을 세심하게 살피지 못했다. 당장 프로젝트를 진행하여 눈앞의 결과물을 생산해서 확실한 성과 지점을 확인하고 싶은 마음이 컸음을 인정한다. 후속 활동에 대한 설계가 부족했던 까닭에 한 번의 프로젝트로 문화예술 콘텐츠 생산자의 경험을 한 사람들은 프로젝트가 끝나면 다시 똑같은 일상으로 돌아갔다. 프로젝트에 참여한 노동자가 어떻게 하면 자신의 일상에 작은 문화예술 활동을 녹여낼 수 있을지 더 고민해야 했다.

둘째, 지속적인 향유와 소비를 위한 후속 활동 계획이 필요하다. 노동자가 직접 자신의 이야기를 담은 문화예술 콘텐츠를 만드는 것은 노동문화와 노동문화 콘텐츠를 향유하는 여러 방법 중 하나일 뿐이라는 것을 인정하게 되었다. 나의 이야기가 담겨 있다는 건 수많은 재미 요소 중 한 가지에 지나지 않는다. 모든 이에게 해당하는 명제는 아닌 것이다. 나조차도 내 취향에 맞는 문화 콘텐츠를 내가 즐기는 플랫폼에서 소비하고 있으니 말이다. 그러나 확신할 수 있는 건 '나와 당신의 일을 둘러싼 이야기가 예술이 될 수 있다'는 가능성을 발견했다는 사실이다. 흥의 실험과 도전은 거기서 다시 출발하기로 했다.

콘텐츠 제작 주체의 '당사자성'에 대한 내적 갈등

'일상예술'은 노동요 프로젝트를 진행하는 과정에서 가장 강조했던 키워드다. "누구나 예술활동을 할 수 있지만 예술가가 될 수 있는가?"라는 질문에 대해 흥은 예술과 문화 생산은 특별한 사람들만 하는 것이 아니라는 관점을 견지하고 있다. 물론 그런 믿음과 별개로 다양한 장치들이 필요했다. 대표적인 접근 방식이 '교육'이었다. 노동요 프로젝트는 대부분 교육 사업의 형태를 띠었다.

창작자로서의 경험이 없는 상태에서 자신의 이야기를 콘텐츠로 만들어보겠다고 선뜻 나서긴 어렵다. 따라서 그들이 가진 이야기를 꺼내기 위한 장치가 필요했고, 이를 지원할 방식으로 교육 과정을 통한 콘텐츠 생산 방안을 기획했다. 각 장르의 지역 문화예술인들이 노동자들과 만나기 전 기획 회의를 진행하고 노동의 특성을 반영한 표현방식으로 교육을 설계했다.

이 과정에서 우리는 몇 가지 모순과 내적 갈등을 겪었다.

애초에 노동요 프로젝트를 문화예술 교육 사업으로 규정하고 시작하진 않았다. '노동문화 활성화를 위한 프로젝트'라고 규정하고 그 목적을 실현하기 위해 교육을 방편으로 삼은 것이다. 그런데 계속해서 교육을 해야 하는 현실과 마주하니 "이렇게 계속 교육하고 그 끝에 하나의 콘텐츠를 생산하는 것이 과연 노동문화 활성화에 기여할까?"라고 질문하고 의심하게 되었다. 게다가 교육을 받았다 해도 노동자 분들이 하나의 창작물을 만드는 오롯한 주체가 되려면 여러 한계를 넘어야 했다. 무엇보다 시간이 문제였다. 교육을 진행하는 지역 문화예술인이나 홍의 개입이 있어야만 결과물이 완성되는 경우도 많았다. 그렇다면 이것은 정말 순수하게 노동자들이 생산한 문화예술 콘텐츠일까? 2017년 당사자성을 원칙으로 내세운 노동요 프로젝트를 마무리할 시점에 심한 내적 갈등이 생겨났다.

2018년에는 이러한 원칙을 가이드로 삼되, 방식에서는 교육의 형태를 벗어나 현장과 참여자의 특성에 맞춰 진행해나갔다. 예를 들어 곡을 만들 때도 작사는 노동자가 직접하고 작곡은 지역 예술가가 하는 방식으로 협업의 형태를 취했다. 소리연대 프로젝트가 그 예라고 볼 수 있다. 이러한 경험을 토대로 이후에는 예술가가 노동자들의 이야기를 수집하고 노동자와 나눈 인터뷰 내용으로 직접 콘텐츠를 생산하는 사업도 기획했다. 2019년 '특수고용노동자백서'가 그렇게 발전한 사례이다.

애초에 고민했던 "생산자와 소비자를 일치시키는 것만이 노동문화를 활성화하는 선순환 구조를 만드는 방법인가?"라는 질문에 대해 스스로 답하고 대안을 찾아가고 있다. 노동자들이 오롯이 문화 콘텐츠 생산자가 될 수 있는 방법이 있으리라는 추상적인 믿음을 여전히 품고 있는 것도 사실이다. 우리의 능력이 부족해서 찾지 못한 것일 수도 있으니까.

노동요 프로젝트를 마무리하며

음원 차트를 봐도 유튜브를 봐도 새로운 콘텐츠가 초 단위로 업데이트되는 세상이다. 콘텐츠가 범람하는 시대에 대중의 시선을 몇 초 이상이라도 잡아두려면 자극적이거나 차별화된 무언가로 승부하지 않으면 안 된다. 노동자가 만든 콘텐츠든 예술인이 만든 콘텐츠든 일단은 한번 널리 알려보고, 일회성으로라도 노동자가 흥의 콘텐츠를 소비하는 경험을 했으면 했다. 그 경험들이 축적된다면 진정으로 문화 콘텐츠를 생산하고 향유하고 노동문화 자체를 활성화할 방안에 대해 새로운 통찰이 생길 수 있지 않을까 생각했다. 무척 원대한 목표였다.

우리는 사회적 의제를 콘텐츠로 기획하는 일을 하는 집단이다. 기획의 역할은 문제를 발견하고 다양한 프로젝트를 통해 해결하는 것이다. 우리에겐 아직도 더 많은 데이터가 필요하며, 위험한 실험과 과감한 실천, 이유 있는 실패를 경험하고자 한다.

3장
노동하는 예술가

홍은 노동자를 만나는 만큼 지역 예술인들을 꾸준히 만났다. 2018년에는 한 달에 한 번씩 주제를 정해 세미나와 수다방을 열었고, 2019년 이후에는 예술인들을 직접 찾아다니며 일상적인 근황과 사회적 예술에 대한 아이디어를 나누고 있다.

사회를 변화시킬 예술을 신나게 도모해볼 동료 예술가들을 모으고 다양한 접점을 만들어간 만남의 장은 다양했다. 그중에서도 예술인들이 노동 환경의 현실적인 문제를 솔직하게 드러내고 공감하면서 예술인 특유의 위트로 즐거운 자리를 마련했던 세 가지 만남을 골라보았다.

서로가 몸담은 예술 장르를 이해하고, 자본주의 사회에서 맨땅에 헤딩하듯 부딪히는 '지역-예술-노동'의 구조적 한계에 대해 토로하는 시간도 가졌다. 예술과 생계의 경계를 어떻게 설정할 것인지에 대한 각자의 기준도 공유했다. 예술 작품의 가치를 투명하고 표준화된 방식으로 책정하고 당당하게 예술가의 권리를 요구해야 한다는 목소리가 터져 나왔다.

예술은 노동인가?

진 행	이광혁	
참여 예술인	김등용(조형미술), 박현정(국악), 정엄지(영화), 전혜정(수공예), 박준태(춤), 김선영(큐레이터), 최동녁(디자인), 김기영(기획), 정유진·주강민·황지민(영상), 박주영·배보성·서준오·안병용·정소라(뮤지션)	

다양한 예술 장르에서 활동하는 분들이 한자리에 모였습니다. 흥이라는 연결고리로 만나게 되어 뜻 깊은 자리라는 생각이 듭니다. 매달 열릴 '예술인 세미나'는 흥 메이커스 구성원들이 한 명씩 돌아가면서 발제를 하고 전체가 자유롭게 생각을 주고받는 자리가 될 것입니다.

오늘 이야기 나눠볼 주제는 '예술은 노동인가?'입니다. 예술가들이 처한 현실에 대해 공감하며 자유롭게 이야기해보고자 합니다.

문제 인식: 예술인의 창작할 권리에 대하여

우리는 '두 예술가의 죽음'을 기억하고 있습니다. 민중미술 작업을 하셨던 구본주 작가와 영화 시나리오를 쓰셨던 최고은 작가의 죽음입니다. 구본주 작가의 경우 사망 이후 보험금을 책정하는 과정에서 아이러니한 사건이 발생했습니다. 보통 보험료를 산정할 때는 당사자의 생전 노동력에 비례하여 책정하는데, 구본주 씨의 경우 무직자(일용노동자)로 평가받았던 거죠. 이 분야에서는 굉장히 숙련되고 높이 평가받는 예술가였는데 보험금 책정 시에 무급 판정을 받게 된 겁니다. 최고은 작가는 집주인 아주머니에게 밥과 김치를 꿔줄 수 있냐는 쪽지를 남겼지만, 뒤늦게 확인한 아주머니가 1층 작가님 집으로 내려갔을 땐 이미 사망한 상태였습니다.

이러한 일련의 사건을 계기로 '예술인복지재단'이 생겨나게 되었습니다. 예술인의 직업적 지위와 권리를 보호하고, 예술인 복지 지원으로 예술인들의 창작활동을 증진하겠다는 목표로 2012년에 재단이 설립되었고 창작 지원금, 파견 지원 사업 등 예술활동 증빙 자료를 생산해주는 좋은 마당이 역할을 하고 있습니다. 예술인 산재보험도 일부 도와주고요. 최근에는 재단에서 추진 중인 예술인 고용보험의 혜택 범위가 논란이 되고 있습니다.

캐나다, 영국, 아일랜드 등에서는 미술 작가의 창작활동 보수 차원에서 '아티스트 피artist fee' 제도를 시행하고 있습니다. 중견 작가는 400만 원, 신인 작가는 230만 원가량 지원받는데, 이 보수는 다음 작품을 준비하는 밑거름이 된다고 합니다. 우리나라에서도 뒤늦게 2017년 9월에 국공립 미술관 6곳에서 시범 운영하는 중이라고는 하지만, 미술계에서 공공 기관의 지원을 받는 것이 힘든 여건임을 고려해 보면 그리 실효성 있다고는 보기 힘들 것 같습니다.

예술인 노동조합

그래서 요즘은 예술인 소셜 유니온 social union 을 설립하는 추세입니다. 예술인들이 직접 노동조합을 만들기 위해 나서면서 사회적으로 많은 토론 의제들이 오가고 있고요. 예술가들은 '사회적 고용 관계'에 속해 있다고 볼 수 있습니다. 좋은 싫든 자신의 창작물이 사회에 퍼져 나가고, 다음 세대까지 영향을 미치니까요.

예술인들이 노동조합을 만들려는 시도는 아주 옛날부터 있었고, 이미 존재하는 나라도 있습니다. "Music is work. All is work." 영국 뮤지션 유니온의 구호입니다. 이곳은 계약서 쓰기 운동도 하고 법적 쟁의 해결을 도와주는 활동을 하고 있습니다.

Musicians' Union

영국 뮤지션 유니온 로고

우리나라에서는 2017년 9월 문화예술노동연대가 '문화예술인 노동자 선언'을 했습니다. 예술인 고용 법안 등 실존하는 예술인들의 문제를 당사자들이 광장에 나서서 말하기 시작했습니다. 이러한 시점에서 예술가들의 노조가 필요한 이유에 대해 생각해보게 됩니다. 예술가가 가난한 이유에 대해 세상은 이렇게 말하기도 합니다. "예술의 높은 가치 때문이다", "예술가의 가난과 고독은 선택적인 것이다", 즉 예술가라는 직업은 본인의 선택에 따라 많은 것을 감당해야 한다는 사회적 시선이 분명 존재합니다. 이러한 시선과 예술가들의 예술 노동에 대한 정당한 가치를 따지는 과정을 어떻게 바라볼 것인가, 이 지점을 고민할 필요가 있습니다.

예술과 노동의 개념

노동과 예술

원활한 토론을 위해 몇 가지 개념을 함께 인식하고 이를 전제로 이야기 나누려고 합니다. 기본적인 사전적 정의를 바탕으로 정리해보겠습니다. 우선 '노동'은 사람이 생활에 필요한 물자를 얻기 위하여 육체적 노력이나 정신적 노력을 들이는 행위입니다. 인간이 생활하고 생존하기 위해서는 의식주가 필요하고, 이를 얻기 위해서 자연이라는 대상을 이용해야 합니다. 예술은 특별한 재료, 기교, 양식 따위로 아름다움을 표현하려는 인간의 활동 및 작품을 말합니다. 기예와 학술을 아울러 이르는 말입니다. 굉장히 애매한 사전적 정의라고 생각해요. 들이는 시간이 노동과 똑같다고 해서 그 결과물의 양이 같아지는 건 아니거니와 질 또한 마찬가지 아닐까요?

노동자와 예술가

노동자의 존재는 자본가의 존재가 있어야만 나올 수 있는 개념이라고 생각합니다. 노예제 시기에는 노동자라는 말이 없었잖아요. 자본주의 시대가 도래하면서 노동력을 팔기 시작했습니다. 노동자와 자본가를 대척 개념으로 본다면, 예술가와 클라이언트는 어떤 관계일까요? 예술가에게 클라이언트가 항상 존재하는 것은 아니지만, 클라이언트의 존재가 등장하는 순간부터 예술가의 노동을 규정하는 데 어려움이 따르게 됩니다.

'예술 노동'이란 예술도 노동이라고 인정받기 위한 개념이 아닙니다. 노동이 인간의 생존에 필요한 것을 만들어내는 생산적 행위라는 관점에서 예술 노동이라는 개념을 생각해볼 수 있습니다. 예술 노동이라는 말 자체가 자본주의 사회에서 나온 개념이 아닐까요? 예술조차 잉여 가치가 존재하느냐 그렇지 않느냐의 기준으로 바라보는 것이니까요. 공동체가 누리기 위한 목적의 예술만이 존재한다면 예술 노동의 개념도 성립하지 않을 겁니다. 그렇다면 '예술 노동자'라는 개념도 '예술 자본가'라는 개념이 있어야 가능하지 않을까요? 예술이라는 상품을 사고팔려는 자본가가 말이죠. 예술 노동자가 예술 노동을 하고 있다는 노동계급 의식이 있어야 예술 노동자의 개념도 성립합니다.

하지만 '예술 노동자'와 '예술 노동을 하는 예술가'는 다른 의미입니다. 우리가 천재로 알고 있는 모차르트의 경우 사실은 굉장히 성실히 일하는 예술가에 불과했어요. 아버지의 욕심이 투영된 작곡 기계였죠. 작곡을 미친 듯이 해내고, 그로 인해 얻은 부로 집안이 유복하게 살았다고 합니다. 모차르트에게는 '노동계급' 의식이 있었을까요? 모차르트는 예술 노동을 하는 예술가였다고 할 수 있습니다. '예술 노동'이라는 개념을 세계적으로 잘 사용하지 않는 이유는 뭘까요? 예술 노동은 전통적이고 보수적인 예술관입니다. 사회주의 국가에서는 예술을 공공재로 전제하기 때문에 예술 노동자라는 개념 자체가 필요 없습니다.

예술 노동의 사례

몇 가지 사례를 살펴보겠습니다. 먼저 미켈란젤로의 경우를 보면, 교황은 미켈란젤로라는 예술가를 직접 고용했습니다. 그러나 미켈란젤로는 교황에게 보수를 제대로 받지 못해 쪽지를 남기고 떠나버렸다고 하죠. 예술가들에게 클라이언트는 늘 있었습니다. 원시 공동체 사회에서도 족장은 노래나 춤에 유능한 사람들에게 마을 축제에 필요한 공연을 요구했을 테고요. 봉건 시대에도 왕과 영주의 존재가 그러했을 겁니다. 권력가들은 힘을 유지하기 위해 신을 그리게 하고 그것을 전유했죠.

자본주의 사회에서도 여전합니다. 조각가에겐 건설업체, 음악가에겐 축제 관계자들의 요구 사항이 있죠. 건축법에 따르면 건물을 건축할 때 특정 비율로 예술 조각상을 설치해야 한다고 하고요. 자본주의 사회의 예술가들은 자본과 권력을 가진 클라이언트와의 관계 속에서 존재하고 있습니다. 미켈란젤로의 작품들 역시 클라이언트의 막강한 권력과 자본이 없었다면 탄생하지 못했을 겁니다.

다음으로 반 고흐를 볼까요? 반 고흐는 가난한 예술가였습니다. 그의 죽음에 대해서도 자살이니 타살이니 논란이 많습니다. 고용되지 않고 살아가는 예술가의 삶은 어떠한가요? 평생 가난했고, 살아생전에 팔린 그림은 딱 한 점이라고 합니다. 동생의 도움으로 살아가

'예술은 노동인가?' 세미나에 참석한 예술인들

다가 결국 폐암으로 삶을 마무리합니다. 하지만 그의 작품을 물려받은 후손들은 억만장자가 되었습니다. 죽고 나서 어마어마한 가치를 남긴 반 고흐는 누구를 위한 예술을 했던 걸까요?

세 번째로 제임스 휘슬러를 살펴보죠. 그는 1875년에 〈검은색과 금색의 야상곡: 떨어지는 불꽃〉이라는 그림을 그렸습니다. 당대는 사실주의가 유행하던 시기였는데요, 휘슬러는 런던의 강변에서 밤에 불꽃놀이를 감상하다가 너무 예뻐서 이틀 동안 그 모습을 그렸다고 합니다. 그는 자신의 그림 가격을 200기니로 책정하고 팔려고 했습니다. 그런데 러스킨이라는 미술 평론가가 이 그림을 보고 "미친놈이다. 관객의 얼굴에 물감 통을 던지며 200기니를 받으려고 하다니…" 라면서 맹비난을 했다고 해요. 휘슬러는 분노하여 명예 훼손으로 그를 고소하고 법적 소송까지 진행하게 됩니다. 휘슬러는 "평생 동안 일하며 재능을 쌓아 그린 그림이다. 그래서 난 200기니를 책정하였다"고 항변하였고 결국 배심원들의 판정으로 승소합니다. 하지만 곧 파산을 하고 말죠. 손해 배상금이 기각되었고, 오랜 기간 소송을 진행하면서 비용이 감당할 수 없을 만큼 많이 들었기 때문이죠.

이 세 가지는 고용되어도 가난하고, 고용되지 않아도 가난하고, 법적 소송을 진행해도 가난했던 예술가들의 이야기였습니다. 이제 조금 다른 사례를 살펴보죠.

1917년 마르셀 뒤샹이 제작한 〈샘〉이라는 작품이 있죠. 이미 만들어진 기성 상품(레디메이드)을 갖다 놓고 미술 작품으로 선보였습니다. 당시에 전시회에선 쫓겨나지만 다른 전시회를 열었고, 미술계에서 새로운 조류를 만들게 됩니다. 이를 계기로 '내가 규정짓는 대로 예술의 가치가 생겨난다'는 작가주의가 탄생합니다. "나는 보는 것을 그리는 것이 아니라 생각하는 것을 그린다"고 했던 피카소의 발언도 비슷한 맥락입니다. 뒤샹은 원래 자본주의 시스템에 반하여 미술활동을 시작했지만 결국에는 자본주의 시스템에 편입되었고, 그를 비롯한 새로운 조류의 미술이 주류가 되어 권력을 차지하게 됩니다. 아이러니한 상황이죠. 자본주의의 맹점을 명백하게 보여주는 사례가 아닐까 생각합니다.

마지막으로 가볍게 개미와 베짱이 이야기를 해볼까요? 다들 알다시피 띵까띵까 놀며 노래 부르던 베짱이는 결국 죽음을 맞이합니다. 흔히 이 이야기를 노동자와 예술가에 빗대곤 하죠. 그렇다면 베짱이의 노래는 개미들에게 밥을 얻어먹을 수 없을 만큼 사회적으로 가치가 없는 일일까요? 고민을 던져주는 우화입니다.

토론_ 예술인, 예술 노동을 고민하다

최동녁 좋은 음악을 계속할 수 있도록 아티스트 피를 제공해야 한다고 생각합니다. 개미와 베짱이 이야기는 "예술은 사회적 노동인가?"라는 물음을 던졌다고 생각해요. 예전에는 도시락을 싸주시는 어머니의 노동을 당연하게 여겼는데, 이젠 학교 급식 업무를 진행하는 비정규직 노동자들이 그 노동을 대신하고 있습니다. 밥을 짓는 행위가 사회적 노동으로 인정받게 된 사례죠.

정엄지 개미들이 베짱이의 노래를 들으며 조금 더 힘을 내지 않았을까 하는 생각이 듭니다. 예전에 미국에서 예술인들의 복지를 위한 법안을 준비하는데 시민들이 왜 우리의 세금으로 예술가들을 지원해주냐며 반대 의견을 냈다고 해요. 그때 그 법안을 추진하던 정치인들이 "그렇다면 당신은 예술 없는 세상에서 살고 싶냐"고 그들에게 되묻자, 예술은 필요하다고 대답했다죠. 예술이 사회적 노동으로 인정받아야 함을 깨닫게 해주는 일화라고 생각합니다. 아이들에게 밥을 해주는 노동이 사회적으로 인정되었듯이 예술계에서도 그런 흐름이 만들어져야 하지 않을까요? 행정을 담당하는 정부의 역할도 무척 중요하고요. 문화예술의 가치를 존중하는 정부라면 논의가 더 원활히 진행되겠죠.

안병용 결과적 평등이 중요하다고 생각해요. 예술 행위를 하든 말든 그것이 중요한 게 아니고, 적어도 먹고살게는 해줘야 하지 않을까요? 전반적으로 사회보장제도가 발전해야 한다고 생각합니다.

이광혁 "예술은 사회적 노동인가?"라는 물음에 "그러하다"라고 쉽사리 얘기하긴 힘들어요. 사회적으로 아직 합의가 안 된 지점들도 있고요. 사회는 우리에게 "베짱이들도 최소한의 노동을 해야 하지 않을까?", 혹은 "개미도 노래를 잘할 수 있지 않을까?"라는 질문을 던지죠.

당신은 노동자입니까, 예술가입니까?

이광혁 전 요즘 얼굴과 턱의 경계선을 찾기 힘들어졌는데요, 예술 영역 내에서도 불분명한 혹은 애매한 경계를 경험하게 됩니다. 음향 엔지니어는 음악가인가? 작곡가는 뮤지션이고 세션은 노동자인가? 큐레이터는 미술가인가? 디자이너는 예술가인가? 이런 질문들에 어떻게 답해야 할까요?

정유진 사회적 노동으로 인정받고 돈도 받지만, 영상을 만드는 사람들의 일 자체가 직업이라고 얘기하기 애매하다고 느껴질 때가 있어요. 자신들의 작업물인 영상에 작가를 정확히 명시하기도 뭣하고요.

황지민 필요할 땐, 예를 들면 저작권 문제가 일어난 경우는 온라인상으로 명시를 하긴 하지만, 영상 자체에는 명시하지 않죠. 미디토리 내에서 적어도 저는 영상 작업을 자본주의 내에서의 '거래'라고 생각하고 작업하고 있으니까요. 그러다 보니 우리는 항상 소비자의 욕구에 맞춰서 작업을 해야 하나 고민이 생길 수밖에 없더라고요.

최동녁 클라이언트가 존재하게 되는 순간 그 요구에 집중해서 진행하게 됩니다. 그때 나온 결과물에는 솔직히 제 이름을 넣고 싶지 않더라고요. 엄청 공들여서 진행하고 난 뒤에도 허무한 순간이 많이 찾아왔습니다. 그래서 저는 요즘 예술가의 모습이 좀 더 주체적이어야 하나 고민하고 있습니다. 미국에서 산업화가 이루어지면서 현재 우리가 생각하는 일반적인 디자이너의 개념이 정립되었다고 알고 있어요. 자본주의 시스템 안에서 예술가에 대한 규정은 어려운 일 같습니다.

이광혁 영화감독은 예술가인가요? 그럼 영화 스태프들은 그저 노동자일 뿐인가요? 공연하는 사람은 예술가이고 무대를 만드는 사람은 노동자인가요? 계속 질문을 던지게 되네요.

김선영 기획자는 모두 예술가라고 생각합니다.

박현정 저 역시 기획자는 모두 예술가라고 생각합니다. 그런데 조명이나 음향 작업하시는 분들을 예술가라고 생각해본 적은 없는 것 같아요. 그 사람의 사유가 개입되는가 아닌가의 문제 아닐까요?

이광혁 "당신은 노동자입니까, 예술가입니까?"라는 물음을 던져보고 싶었어요. 결국 이런 물음에 대한 답은 자신이 해야 하는 것 같습니다. 스스로를 노동자라고 규정짓는 것이 부끄러운 일도 아니고, 예술가라는 정체성은 결국 예술가들의 자기규정에 따라 좌지우지되는 것 같습니다.

예술 노동의 가치

이광혁 예술의 노동 가치, 교환 가치는 어떻게 책정해야 할까요? 나는 나의 작품을 얼마에 팔 수 있을까요?

최동녁 음, 일단… 전 제 것을 팔고 싶어요.(웃음) 포스터의 경우 최소 50만 원? 책정 기준은 제 마음이고요. 한 달에 하나만 팔면서 먹고살고 싶어요. 사실 하나당 300만 원 이렇게 되면 좋겠지만요. 예술로 돈을 많이 벌고 싶기도 해요. 전 아직 미숙하니까 최소 50만 원 이상으로 팔고 싶어요.

정소라 음원을 팔아서 나오는 돈은 솔직히 똥값이에요. 음원을 내는 과정이 적어도 3개월 이상 소요되는데. 그 기간에 최소한의 생활이 가능할 정도로는 음원을 팔고 싶어요.

정엄지 다큐멘터리 작업으로 수익을 얻는 경우는 없습니다. 영상 제작 일을 받기 위해 처음으로 견적서 양식을 작성할 때, 어떻게 책정하는지 여기저기 물어보았습니다. 장비를 가져가느냐 아니냐, 식대를 주느냐 안 주느냐 등 따질 항목이 많더라고요. 주변의 이런저런 곳에 자문을 구하긴 했는데, 내가 내 것에 대한 확신이 많이 없다 보니 확실히 규정하지 못하겠더라고요. 물론 개인적인으로 조금 더 내 작업물을 다듬은 뒤에는 꼭 팔고 싶어요. 기술자의 입장에서는 조금 더 수련해서 팔고 싶은 마음이고, 예술인의 입장에서는 잘 모르겠네요.

황지민 미디토리도 그런 과정을 겪었어요. 항목별로 그리고 세부적으로 따져야 할 것들이 계속 생기더라고요.

김등용 조각에도 견적 기준은 있어요. 평면 작업 같은 경우는 호당 5만 원 하는 식으로 공식이 정해져 있죠. 인건비는 재료비의 네 배, 갤러리의 경우 5 대 5 등 조각업계는 나름 기준이 있습니다. 페어fair가 존재하고 활성화되어 있기 때문에 협회도 많고요. 사실 예전부터 조각은 주류 문화였기 때문에 그렇기도 하죠. 작품을 팔려고 할 때는 어쩔 수 없이 재료비를 많이 따집니다. 그렇지만 조그만 작품은 그냥 줄 수도 있어요.

이광혁 가수협회는 페이가 여전히 정립되어 있지 않아요. 적폐 세력도 존재합니다.

황지민 자기 작품을 얼마에 팔고 싶으냐는 질문에 대해 한 번도 생각해본 적이 없었던 것 같아요. 실력에 대한 자신감이 없기 때문에 측정하기 힘들기도 하고요. 아님 예술 노동자로서의 자아가 더 강해서 그럴 수도 있겠네요.

박준태 생계를 영위할 정도는 받고 싶어요. 월 200만 원이면 살 수 있지 않을까요?

김선영 기획하는 데 소요되는 나의 노동을 시간으로 환산해서 생각해볼 수 있지 않을까요? 일반 회사원들이랑 비슷하게 시급을 계산해서 월급 형태로 3달 정도를 몰아준다는 개념으로요. 아, 월급이 나오면 행복할 거 같아요.

전혜정 나의 작업물을 어떻게 팔 것인가보다는 제가 속한 조직을 운영하기 위해 얼마가 드는지 고민한 적 있어요. 어디서 마켓을 해달라고 제안이 오면 그 마켓에 나갈 때 들어가는 시간의 비용을 고려해보는 거죠. 사실 구체적으로 물어보는 경우도 많긴 한데, 대개 주관적으로 판단하게 되더라고요. 지금까지 그렇게 지내오긴 했지만 구체적으로 생계 비용 이상의 돈을 얼마 벌고 싶다고 생각해본 적은 없는 것 같아요.

박현정 전 때돈 벌고 싶어요.(웃음)

이광혁 이런 얘기를 진행할 때 예술인들은 움츠리드는 모습인 경우가 많아요. 외부 요청에 의해서 하는 예술 작업일수록 대가를 명확하게 요구해야 한다고 생각해요. 반면 내가 좋아서 하는 것, 혹은 나의 예술 작품에 대한 가치 규정은 참 애매한 것 같네요.

나의 노동에 대하여

이광혁 여러분은 자본가, 영세 자영업자, 예술 노동자, 예술가, 노동자 중 어디에 속한다고 생각하세요? 현대의 예술가들은 수많은 역할을 부여받고 살아가는 것 같아요. 그중 무엇이 되고 싶나요?

최동환 어릴 때 꿈은 돈 많은 백수였어요. 나의 가치를 실현하기 위해서 하는 행위를 딱히 노동이라고 생각하진 않아요. 내가 노동이라고 규정짓는 순간 흥과 같은 활동은 때려치우고 싶을 것 같아요. 전 제가 하고 싶은 걸 하면서 살고 싶은데 예술혼을 불태우는 것만으로는 먹고사는 것이 해결되지 않기 때문에 다양한 고민을 하죠.

정유진 제가 지금 하는 일이 좀 더 노동으로 인정받았으면 좋겠고, 예술 노동 쪽으로 확고해졌으면 좋겠다는 생각이 듭니다. 생계를 보장받으면서 살고 싶어요.

주강민 노동이란 게 꼭 '뭐가 되고 싶다'는 생각에서 하는 작업은 아닌 것 같아요. 그저 30년 뒤에도 다시 할 수 있으면 좋겠다고 생각해요.

박현정 내가 쓴 곡이 대박이 나서 세계를 돌아다니면서 공연하는 예술가가 되고 싶어요. 그게 아니라면 스폰서를 잘 잡아서 성공하고 싶네요. 자본주의 플랫폼 안에서 성공하고 싶어요.

최동녁 예술로 돈 벌겠다고 시작한 건 아니었지만, 나이가 들기 시작하면서 결혼 얘기도 나오고 잘될 줄 알고 차도 샀는데 그게 날 압박하고….(웃음) 지금은 예술 노동자로서 자리를 잡고 싶긴 하지만 최종 목표는 '예술가'가 되는 겁니다.

이광혁 예술과 노동의 경계는 상당히 많은 고민을 던져주네요. 자본주의 사회에서 예술을 노동으로 볼 것인가, 예술 노동의 개념은 어떻게 생겨났는가, 예술인들이 자본주의 사회 내에서 가져야 할 자기규정은 어떤 것인가 이야기 나눠봤습니다. 앞으로 자주 만나서 예술가로서 좀 더 가치 있게 삶을 영위하기 위해 어떤 대안이 필요한지도 함께 그려봤으면 좋겠습니다.

'예술은 노동인가?' 세미나 메이킹 영상

부산에서 뮤지션으로 살아가기

진 행	이광혁
패 널	김기영(바나나몽키스패너 베이시스트), 강동수(소음발광 보컬&기타리스트), 천세훈(리스펙뮤직 대표)
참여 예술인	김주미(미디어 활동가), 김유리(소설가), 박현정(국악인), 정재경(공연 기획자), 안병용·최정경·최형석·김주희·안성현(뮤지션)

세 명의 인디 뮤지션

이광혁 수다방에 오신 여러분 반갑습니다. 흥이란 단체를 만들고 나서 어떤 가치관을 가지고 예술인들이 모이면 좋을까 고민했는데요, 요즘 예술인들이 힘든 시기를 보내고 있으니 시원하게 얘기를 털어내 보자는 의견이 나왔어요. 그래서 오늘은 음악인들의 이야기를 들어보려고 합니다. 참여하신 분들은 이야기를 듣다가 드는 생각을 편하게 스케치북에 그리거나 써도 좋습니다. 공통 질문에 대한 답도 좋고요. 그렇게 쓰거나 그린 것들을 보면서 수다 한 바가지 떨어보죠. 우선 패널 세 분과 첫 이야기를 나누어보겠습니다. 자신을 나타내는 세

가지 단어를 스케치북에 쓰고 소개해주세요.

#우다다 #바몽스 #변혁

김기영 저는 우다다학교라는 대안학교를 졸업했습니다. 현재는 '바나나몽키스패너'라는 밴드 활동을 하고 있습니다. 사실 전 인디 음악계를 팬으로서 지켜보는 입장으로 살아왔었는데 지금은 플레이어로 활동하고 있어요. 예전에는 모든 현상의 문제점을 스스로에게서 찾곤 했는데, 최근에 조금씩 바뀌기 시작했어요. "사회적인 시스템이 문제이지 않을까?"라는 질문을 자주 하게 되더라고요. 시스템이 달라져야 개개인들의 삶도 나아지지 않을까 생각하며 살고 있습니다.

#음악 #사람 #애인

강동수 저는 '소음발광'이라는 밴드에서 노래를 하고 있습니다. 제가 좋아하는 것을 적어 보았는데요, 살면서 제일 힘들었던 것도 제일 즐거웠던 것도 '음악'인 것 같아요. 음악을 하면서 많은 사람과 다양한 경험을 접하게 되었습니다. 낯도 많이 가리고 부끄럼이 많아서 오해도 많이 사곤 하는데 저는 사람을 좋아합니다. 마지막으로 591일째 사귀고 있는 여자 친구가 있어요. 음악을 좋아하는 만큼 여자 친구를 좋아합니다.

#돈 #건강 #끈질김

천세훈 저는 가난한 부산 뮤지션입니다. 음악을 한 지 11년이 되었는데, 이제는 생계를 고민하지 않으면 안 될 만큼 힘든 시기를 살고 있습니다. 집안 상황도 많이 안 좋고요. 그러다 보니 건강도 안 좋아지더라고요. 물론 불규칙한 삶도 한몫하고 있지만요. 오래오래 음악을 하고 싶기 때문에 요즘은 건강을 챙기려고 노력하고 있습니다. 어쨌든 끈질기게 음악 한 가지만 파면서 살아왔어요. 지금은 루츠레코드에서 엔지니어링과 프로듀싱을 하고 있습니다.

이광혁 이렇게 세 분을 모신 건 일상에서 만나기 힘든 유형의 사람들이기도 하고, 무엇보다 인디 뮤지션의 이야기를 당사자들의 언어로 들려드리고 싶었기 때문입니다. 뮤지션 세 분을 모셨으니 각자 자신이 만든 곡 중 하나만 들려주시면 어떨까 싶습니다. 노래를 들으며 그에 얽힌 이야기도 나눠보죠.

김기영 제가 쓴 곡이 있는지 고민을 해보았는데, 있긴 하지만 거의 없다고 봐도 무방합니다. 음악 대신 에피소드를 하나 들려드리고 싶은데요. 학창 시절부터 음악을 좋아했어요. 부모님께 인정받는 언행을 해본 적이 없다는 사실을 깨닫고는 부모님께 노래 선물을 한 적이 있어요. 지금 들어 보면 조악하기 짝이 없는데요. 그래도 감동받았던 부모님의 모습이 아직도 기억납니다. 지금도 흐뭇해하시며 저를 응원해주고 계십니다.

이광혁 다른 분들도 혹시 부모님에게 자신의 작품을 보여드린 경험이 있으신지 궁금하네요?

김주미 저희 부모님은 현재 제가 무슨 일을 하는지 정확하게 모르십니다. 그냥 투쟁 현장을 찾아다니겠거니 하십니다.

김유리 ADHD 때문에 공부를 진짜 못했어요. 공부 안 하고 책만 읽는다고 많이 혼나기도 했고요. 그러던 어느 날 글짓기 대회에서 상을 타 왔는데 그때부터 부모님께서 작가가 되라고 계속 말씀하시더라고요. 그렇게 지금의 제가 되었습니다.

안병용 스카웨이커스 앨범을 어머님께 드린 적이 있어요. 그런데 전혀 듣지 않고 그냥 형수님께 주시더라고요. 아마 1집 앨범이었던 것 같네요.

강동수 어떤 노래를 들려드릴지 많이 고민했는데요, 제 노래 중에 〈시발(출발점)〉이라는 곡이 있습니다. 소음발광 첫 공연을 시원하게 말아먹고 방구석에서 울며 썼던 곡이에요. 밴드에서 소화하긴 좀 힘든 곡이고, 그냥 혼자 공연할 때 한 번씩 부르는 노래입니다.

(노래 공연: 강동수, 〈시발〉)

이광혁 엄청 몰입하게 되는 곡이네요. 뮤지션으로서의 자아가 뚜렷하신 것 같습니다. 이어서 부산에서 네 번째로 가난하신 천세훈 님은 어떤 곡을 준비하셨나요?

천세훈 전 제가 만드는 모든 곡이 명곡이라고 생각합니다. 언젠가 제가 모르는 불특정 다수가 많이 듣는 곡이 생긴다면 그 곡을 명곡이라고 해야겠지만, 현재는 그런 상황이 아니기 때문에 제가 써온 모든 곡이 다 소중하다고 생각합니다. 오늘 들려드릴 싶은 곡은 영상과 함께 소개하려고 하는데요, 총 제작비 4만 원 에비넴의 노래 〈너네들 싸우지 마〉입니다.

 에비넴의 〈너네들 싸우지 마〉 뮤직비디오

인디 음악과 생계

이광혁 다음 질문으로 넘어가겠습니다. 세 분은 음악으로 생계 유지가 가능하신가요? 개인적으로 수입은 어떤지도 궁금합니다.

'부산에서 뮤지션으로 살아가기' 세미나 현장

김기영　제가 속한 인디 밴드 바나나몽키스패너는 활동은 하고 있지만 행사를 위한 곡이 많지 않아서 공연 섭외는 거의 들어오지 않아요. 음원 수익은 더 기대할 수 없고요. 소위 잘나가는 밴드의 경우 행사로 생계를 유지하는데, 우리의 경우 1년에 팀 수입이라고 해봐야 200만 원 정도밖에 안 되는 것 같아요. 음악을 좋아하고 잘하고 있다고 생각하지만, 음악만 잘해서는 먹고살기 힘든 구조죠. 음악 외의 것들, 사람의 성향이나 기획력, 인맥, 마케팅 등이 크게 좌지우지하는 것 같아요. 저는 최근까지 월 100만 원가량의 보수를 받는 사무직 일을 하면서 생계를 유지했어요. 최저임금만 받고 일했죠. 그마저도 최근에 때려치웠고 현재는 수입이 전혀 없는 상황입니다. 실업급여로 연명하고 있는데, 지금 흥에 삐대어봐야 하나 고민 중입니다.

강동수　저는 밴드 만든 지 2년 1개월 정도 되었는데요, 네 명 다 합쳐서 여태까지 300만 원 정도 번 것 같습니다. 그마저도 대부분 지인이 소개해준 행사 위주라 팀 차원의 기획으로 돈을 벌어본 적은 없어요. 학생 신분이라 소정의 용돈을 받고 있긴 합니다. 행사로 벌어들인 팀 수익도 자체 장비를 구비하느라 나누지 못했죠. 지금 대학교 3학년인데 앞으로 뭘로 먹고살아야 하나 고민이 많아요.

천세훈 음원 수익이 있긴 있습니다. 1년에 22만 원 벌었습니다. 최근에는 음악계의 적폐 세력인 저작권협회를 탈퇴했습니다. 제일 많이 벌었던 달의 음원 수익은 10만 원이었어요. 전체 저작권 수입의 43프로가 노래방에 돌아간다고 하던데 그건 음원을 만든 사람에게 많이 돌아가지 않는다는 얘기이기도 합니다.

이광혁 작년에 12개의 앨범을 내기 위해 투자한 시간은 어느 정도였나요?

천세훈 초창기에는 한 곡 만드는 데 두 달이 걸렸습니다. 지금은 숙련도가 쌓여서 주말에 바짝 작업하면 다음 주에 곡이 나옵니다. 한 곡당 30시간 내외로 투자했다고 보면, 10곡 만드는 데 최대 300시간 정도 투자했다고 봐야겠네요. 음원 수익 대비 계산해보니 시급 666원 정도가 나옵니다. 작년 한 해 동안의 결과물로는 많이 부족합니다. 어릴 때는 선생님이 되고 싶어서 준비도 해보았지만 지금은 방과 후 수업에서 음악을 가르치고 있습니다. 월 100만 원 이상만 나온다면 참 좋겠습니다.

박현정 저는 국악을 하고 있는데, 한 달에 400만 원 정도 벌고 있습니다.

이광혁 음악 공연만으로 나는 수입인가요?

박현정 교육 강사료가 절반 정도 되고, 나머지 절반은 음악 활동으로 채워져요.

안병용 스카웨이커스가 〈awesome day〉라는 곡을 낸 적이 있어요. 전국의 편의점과 호텔에 다 풀렸어요. 인접권(작사료)으로 첫 달에 14,500원이 들어왔고, 그다음 달에 굉장히 많이 들어올 거라 생각했는데 4만 원이 나왔습니다. 멜론에 메인으로 올라왔던 곡인데도 현실은 그렇더라고요.

이광혁 멜론 1위에 뜨면 하루에 음원 수익이 3, 4천만 원 들어온다고 들었어요. 1위를 하기 위해 많은 비용을 들여 피처링을 쓰고 작곡, 작사 비용을 들입니다. 실제 수입은 많진 않지만 그것 자체가 바이오그래피가 되기 때문에 다들 그런 식으로 작업하려고 한다고 들었습니다. 작년에 무척 유명한 인디 밴드에서 피아노 치는 분과 한잔했는데, 이른 시간에 귀가를 하시더라고요. 다음 날에 막노동을 뛰어야 해서 빨리 가야 한다고 하셨어요. 씁쓸했어요.

부산 그리고 인디 음악

이광혁 이젠 조금 따뜻한 주제로 넘어가볼까요? 활동하면서 들었던 말 중에 힘이 나는 이야기가 있다면 들려주세요.

천세훈 팬심으로 저에게 다가와주셨던 분들이 생각납니다. 음악으로 건네는 진심 어린 말이 다 좋았습니다. 공연할 때 모르는 분이 와서 진짜 좋았다고 바로 얘기해주는 순간들도 좋았고요. 공연을 통해서 그분들과 교감을 나누는 경험이 참 좋습니다.

강동수 활동하다 보니 음악하는 형들을 많이 알게 되었는데, 무엇이든 네가 원하는 방식으로 음악을 했으면 좋겠다는 말을 해줄 때 감동을 받았어요. 음악을 하면서 스스로 검열을 많이 하는 편인데, 그런 지점이 해소되는 경험이었어요. 반면에 상처가 되는 말도 들었어요. 2년 동안 11명의 멤버가 바뀌었는데, 어차피 소음발광은 '강동수와 들러리'가 아니냐는 말을 들었을 때 정말 힘들었죠.

이광혁 부산에서 멤버 변동 없이 오랫동안 밴드 활동하긴 힘들지 않나요?

김기영 선배 뮤지션들이 루츠레코드와 부산 인디 씬은 이제부터 너희가 만들어가면 된다는 말을 해 주었을 때 굉장히 기분이 좋았습니다. 선배들이 닦아놓은 것을 부정할 순 없고, 그 이후를 잘 만들어가면 된다는 생각이 들어 여러 가지를 결심하게 되더라고요.

이광혁 현재 부산의 음악 씬에 대해서 어떻게 생각하시는지 궁금한데요.

김기영 부산 인디 씬을 잘 몰랐을 때는 서울로 가서 음악하고 싶어하는 풍토가 절대적일 줄 알았어요. 그런데 직접 들어와서 활동해보니 지금 이 씬에서 으쌰으쌰 잘해보자는 분위기가 느껴지더라고요. 부산만의 씬이 존재한다는 느낌이 들었어요. 저희 밴드가 시작할 때 특히 새로운 밴드가 많이 생겨나서 더 분위기가 좋았던 것 같기도 하고요. 단점을 좀 꼽자면, 방식의 한계를 느낄 때가 많아요. 서울에서 대박이 난 콘텐츠를 부산에 가져와서 한번 해보자는 식의 기획이 많은 것 같습니다.

강동수 누구나 공연을 할 수 있다는 게 장점이지 않을까 싶어요. 저번에 서울 공연을 하러 간 적이 있는데, 함께한 팀들이 거의 비슷한 수준이더라고요. 그때 서울 팀들이 공연을 하기 위해 대관을 비롯한 제반 조건을 굉장히 진지하게 고려한다는 이야기를 듣고 꽤 놀랐어요. 부산은 공연을 열기는 상대적으로 쉬울지 몰라도, 관객을 고려하지 못한 공연이 많고 공연을 위한 공연도 많거든요. 뒤풀이를 하기 위한 공연인가 싶을 때도 있고요. 그러다 보니 관객 유입이 되질 않고 씬 다운 씬이 형성되기 힘든 것 같다는 생각도 합니다. 갈매기 공화국 이후 부산 인디 씬에서 리스너들이 알고 있는 팀은 거의 없지 않나요?

이광혁 말씀하신 대로 진입 장벽이 낮다는 게 장점이죠. 오늘 기분이 내켜서 팀을 결성하면 내일 당장 공연을 할 수도 있을 정도니까요. 진입 장벽이 낮은 만큼 질 좋은 콘텐츠가 나올 수 있게 역량 강화나 브랜딩이 잘 되어야 하는데 아직 구태의연한 행보를 하고 있는 것이 부산의 현실인 것 같습니다.

천세훈 서울과 부산의 큰 차이 중 하나가 공간의 상징성에 대한 인식이에요. 서울 사람들은 공연을 하는 장소에 대한 믿음이 있기 때문에 콘텐츠에도 자연스레 신뢰를 품고 있습니다. 하지만 부산의 경우는 공연이 있으면 "누가 출연하는데?" 같은 질문이 먼저 나오죠. 대학 캠퍼스에서 공연을 해도 국카스텐 같은 팀이 오면 수천 명이 모입니다. 장소가 아니라 사람을 보는 풍토가 강하죠. 2000년대에 접어들면서 껍데기만 남은 음악 씬이 되어버렸고 알맹이들은 다 서울로 올라갔습니다. 그나마 잘나간다는 스카웨이커스도 350명을 모으는 것이 한계입니다. 부산에도 서울과 마찬가지로 상징적인 장소가 생겨난다면 아티스트들도 콘텐츠에 대한 고민을 계속 하지 않을까 싶어요. 지금 필요한 것은 콘텐츠를 계속 생산하고 나아가 판매할 수 있는 장소가 아닐까요?

스케치북 토크 '부산에서 예술가로 살아간다는 것'

이광혁 최근 이 주제를 가지고 저도 얘기를 많이 해봤는데요, 진입 장벽이 낮은 것 자체를 비판할 순 없는 것 같아요. 팬덤 형성에 주요 인으로 작용하니까요. 물론 질 좋은 콘텐츠가 나오지 않는 것은 문제가 되죠. '소파사운즈ᵀᵒᶠᵃʳ ˢᵒᵘⁿᵈˢ' 같은 경우 좋은 기획이라고 생각합니다. 공연 당일이 될 때까지 어떤 아티스트가 나오는지 알 수 없어요. 그저 소파사운즈 브랜드 자체에 대한 신뢰와 그 힘으로 콘텐츠가 굴러가고 있습니다. 오늘 소파사운즈부산 기획자님도 오셨는데 어떻게 생각하시나요?

천재경 소파사운즈는 전 세계에 형성되어 있는 글로벌 브랜드입니다. 문화 콘텐츠에 관심 있고 보고 싶어 하는 사람들을 유입하죠. 오시는 분들을 살펴보면, 늘 새로운 분들이에요. 소파사운즈에 오면 정말 좋은 경험을 하고 돌아간다는 생각을 심어드리고 싶어서 매 기획에 최선을 다하고 있어요. 소파사운즈는 문화 재단의 지원으로 회차 당 500만 원가량의 예산이 책정되어 있는데, 실상 남는 게 거의 없습니다. 어쨌든 콘텐츠 자체의 질이 좋기 때문에 계속 운영은 되고 있어요.

최정경 콘텐츠에 대한 신뢰로 재구매 경로로 유입된다고 하셨는데, 새로운 관객을 유입하는 데 입소문 외에 다른 홍보 방안은 없는지 궁금해요.

정재경 기존의 입소문, SNS 유료광고 외에 하고 있는 것은 크게 없어요. 현재 회차당 50~70명씩 신청을 하시는데, 유료 관객이 20~30명으로 넘어가기까지는 또 다른 단계의 고민이 필요합니다.

이광혁 소파사운즈 부산은 이제 겨우 3~4회 진행했으니 지금 단계에서 그것을 판단하기는 이르다고 생각해요. 관객을 30명밖에 안 받고 있는 상황에서 확장성을 고려하는 건 좀 빠르죠. 소파사운즈라는 브랜드가 갖춰진 콘텐츠도 지원금 없이는 운영되지 못한다는 현실에 주목해야 합니다. 마니아 100명이 형성되어 있지 않다면 일반 관객 200명 이상이 어떻게 유입될 수 있나요? 지금 이 공간에도 인디음악을 하는 10여 명의 플레이어가 있습니다. 관객을 유입할 수 있는 새로운 루트가 필요하다는 생각이 듭니다. 아까 말씀하신 공간 문제도 마찬가지입니다. 결국 공간 운영자가 운영하는 거니까요. 이 두 존재 사이에 기획자가 없는 거도 문제죠. 플레이어가 음악 만들기도 벅찬데 공간을 찾아다니며 영업을 해야 하는 상황이잖아요. 그러니 과부하가 걸리고 그만큼 콘텐츠의 질이 높아지지 않는다고 생각해요.

내가 음악을 하는 이유

이광혁 이쯤에서 마지막 질문으로 넘어가볼까요? 음악에 대해 얘기하면 왜 이렇게 우울해지죠? 그럼에도 불구하고 음악하는 삶을 계속 영위하는 이유가 무엇인지 궁금합니다.

박현정 작년에는 연주만 했는데, 올해부터 작곡도 하고 노래도 하면서 연주하고 있어요. 재미도 있고 내 안의 새로운 것들도 알게 돼요.

최형석 저는 제가 하고 싶어서 합니다.

김주희 저는 같이 하는 사람들이 너무 좋아서 합니다. 음악은 하는 것도 재밌고, 하면서 배우는 것도 재밌고, 발전하는 저를 발견하는 것도 재밌고요. 관객들과 함께하는 순간도 재밌어요.

이광혁 음악하는 사람들의 커뮤니티가 좋아서 활동을 한다는 말씀이네요.

배보성 음악을 안 하고 살면 영영 안 보거나 못 볼 사람인데 그래도 음악 때문에 얼굴 한 번 더 보게 되는 것이라 생각합니다. 음악 자체도 재미있고요.

최동녘 첫 시작은 반 친구를 놀리기 위해서였는데, 하다가 내 안의 재능을 발견하기도 하고 재밌어서 시작하게 되었어요.

안성현 음악이 단순히 좋기도 하고 표현하는 것도 좋아요. 밴드 활동을 하면서 깨닫게 된 건, 제가 정신력이 좋은 편이 아닌데 멤버들과 함께하면서 많이 치유된다는 거예요. 주변 사람에게 에너지를 얻는 기죠.

이광혁 그렇다면 음악이 집단을 유지하기 위한 수단일 수도 있겠네요. 좋은 의미에서 집단의 무기가 될 수도 있고요. 그럼 정말 마지막으로 여러분이 음악하면서 얻게 되는 보상은 무엇이라 생각하시나요?

천세훈 돈이라든가 리워드라든가 하는 건 세부적인 것이라고 생각해요. 크게 연연하지 않고 음악만을 생각하며 앞으로도 계속 활동을 이어갈 계획입니다. 그것 자체가 큰 보상이라고 생각합니다.

강동수 최근에 내가 좋아하는 다른 뮤지션들의 노래는 사랑하면서 정작 내가 만든 노래를 사랑하지 않는다는 생각이 들었어요. 어릴 때 크라잉넛이 기타를 부수면서 공연하는 모습을 보고 감동을 받아서 나도 저렇게 음악을 하고 싶다는 생각을 했어요. 음악을 한다는 건 힘들지만 그것을 상쇄할 만큼 재미를 느낄 수 있어요. 저는 음악을 사랑합니다.

김기영 원래는 관심을 가져본 적 없는 영역의 사람들을 음악을 계기로 만나기도 했고요. 무언가를 표현하기 위해 곡을 쓰는 경험도 좋았기 때문에 음악을 계속 하고 있는 것 같아요.

이광혁 예술의 본질이 그런 것이라 생각합니다. 자신을 표현하는 데서 출발하는 것. 앞으로의 활동 계획이 궁금합니다.

김기영 '소음발광'과 '보수동쿨러'라는 팀이 있는데 1년차에 서로 잘 됐으면 좋겠다는 마음으로 함께 공연을 기획한 적이 있어요. 최근 들어 다시 이 두 팀과 만나며 뭉쳐서 공연을 기획해보자는 이야기가 오가고 있고요. 지속적인 음악 활동을 하려면 단순히 실력을 높이는 것뿐만 아니라 커뮤니티를 만드는 것 또한 중요하다는 생각이 많이 들어요. 첫 공연은 9월 스음으로 준비하고 있는데, 꼭 와주세요.

강동수 8월 11일 부산 락 페스티벌 무대에 올라가게 되어서 지금 열심히 준비하고 있습니다. EP 앨범도 열심히 준비 중이고요. 9월 중순쯤에 서로 좋아하는 힘들과 함께 기획 공연을 할 예정입니다. 장기적으로는 마흔 살까지만 이렇게 음악하고 그 이후는 계약 형태로 음악을 하자고 장난처럼 얘기해보기도 했는데요, 아무튼 오래오래 음악하고 싶어요.

천세훈　저는 음악 외에 여러 활동을 많이 하고 있어요. 유튜브, 네이버 그라폴리오 등 다양한 플랫폼에서 항상 음악을 하고 있습니다. 다음 주에도 하고 다다음 주에도 음악을 하고 있을 예정입니다. 루츠 레코드 내에서는 서포터 역할을 주로 하고 싶어서 그런 방향으로 활동할 계획입니다. 작년 한 해는 1년 동안 한 달에 한 번씩 앨범을 냈는데 올 한 해는 유튜브 '루츠 TV'를 진행할까 합니다.

이광혁　부산에서 뮤지션으로 살아가는 세 분의 이야기 잘 들어봤습니다. 다른 장르의 예술인 분들은 어떻게 들으셨는지 궁금하네요.

김등용　평소에 음악하는 분들을 만나볼 기회가 적은데 이렇게 직접 이야기 들을 수 있어서 너무 좋네요. 여러 가지 얘기를 듣다 보니 크게 봤을 때는 미술계와 비슷하면서도 세부적으로는 다른 흐름이 많다는 걸 느꼈습니다. 앞으로 개선되어야 할 지점이 음악계에도 많은 것 같네요.

김유리　등단했는지 안 했는지가 사람인지 사람 아닌지의 기준이 되는 세계에서 장르 문학인으로서 느낀 게 많습니다. 장르 문학계는 지금 소위 '물 들어오는' 시즌이라 영혼을 팔지 않아도 되고 쓰기도 훨씬 쉬워요. 웹 소설처럼 현찰이 바로바로 들어오고, 번역이 되어 중국, 대만, 중동까지 가는데 그때 결제되는 금액은 100원까지도 우리에게 돌아옵니다. 운이 좋아 영화나 드라마로 제작된다면 러닝 개런티도 들어오고요. 그러다 보니 스스로 문학인보다는 기술자로서의 규정이 더 강하죠. 저는 부산에서 글 쓰는 사람들 중에서 강의를 안

해도 생계가 되는 편입니다.

김주미   말씀해주신 이야기들이 영상 작업을 하며 겪는 것과 너무 비슷하더라고요. 저희가 기획하고 편집하고 영업하고 지원 사업에 공모하고 모든 걸 다 직접 하고 있어요. 영화 자체만으로 번 수입이 얼마일까 잠깐 생각해봤지만 제작비야 지원받는다 치더라도 수입이 한 달에 천 원이 될까 말까 싶어요. 공간의 문제도 마찬가지예요. 영화를 상영하려면 공간이 필요하거든요. 기획자의 부재는 영화업계에도 비슷한 상황이라 공감이 많이 되었습니다. 요즘 리워드에 대한 고민도 많고 내가 왜 이렇게 살고 있나 자문하기도 하는데, 오늘 얘기 듣고 리프레시되는 느낌입니다. 다시 힘을 내볼까 합니다. 앞으로 좋은 공연 콘텐츠가 있다면 홍에서 홍보 많이 해주시면 좋겠습니다.

'부산에서 뮤지션으로 살아가기' 스케치 영상

부산에서 기획자로 살아가기

진　　행　이광혁

패　　널　정재경(부산인디언즈·소파사운즈부산 기획자), 김선영(공간힘 큐
　　　　　레이터), 강정환(제로페스티벌 기획자)

세 명의 기획자

이광혁　9월이라 다들 일이 많고 바쁘다 보니 예술인 세미나가 힘이
좀 빠지는 것 같아요. 그래도 힘차게 진행하고 뒤풀이 가겠습니다!
패널들 소개를 시작해볼까요? 본인의 삶에서 중요하게 생각하는 키
워드 세 가지를 뽑아 설명하면서 본인 소개를 해주세요.

#술 #공연 #행복

정재경　부산인디언즈에서 활동하는 정재경입니다. 제 키워드는 술,
공연, 행복입니다. 술은 일단 맛있고요.(하하하) 음식과 먹으면 음식
도 맛있어지고, 술 먹으면 기분도 좋아지고, 술 마시는 분위기도 좋아
합니다. 공연은 술과 비슷하게 저의 가장 큰 관심사이자 취미이자 직
업과 맞닿아 있는 부분입니다. 그리고 저는 지금 내가 행복한가를 늘

생각하려고 해요. 무언가를 할 때 고려하는 가장 중요한 부분입니다.

#여행 #실험 #바

강정환 제로페스티벌에서 일하고 있는 강정환입니다. 세계 여행을 1년 다녀왔어요. 여행을 하면서 '내가 행복해야 다른 사람을 행복하게 할 수 있겠구나'라는 걸 많이 느꼈어요. 공유의 가치도 거기서 출발하니까요. 부산문화재단에서도 일하고 있는데 기획자는 다양한 경험을 할수록 좋은 것 같아요. 그래서 여러 가지 경험을 하려고 노력 중이고, 새로운 실험으로 바를 차려서 운영해보고 싶다는 욕심을 가지고 있어요. 여행을 가기 전에는 남들 비판하기 바빴는데 이젠 내가 행복하게 살면서 다양한 기획을 해보는 게 더 중요하단 생각을 합니다.

#책임감 #공간힘 #동료

김선영 제일 먼저 떠오른 키워드는 책임감이네요. 큰딸이다 보니 책임감을 많이 느끼면서 살았어요. 공간힘에서 기획 일을 시작하면서 제가 가진 책임감이 많은 도움이 되는 것 같아요. 반면 혼자 짊어지려는 책임감을 내려놓는 방법도 알게 되었어요. 그래서 나머지 두 개의 키워드는 '공간힘'과 '동료'입니다. 저한테는 정말 중요해요.

기 획 자 가 되 다

이광혁 세 분 모두 기획을 언제부터 시작하게 되었는지 궁금해요.

김선영 공간힘을 시작한 건 2015년인데 본격적으로 기획을 시작한 건 올해부터예요. 생계 때문에 갤러리에 취직하려던 차에 아는 분의 소개를 받아 가봤는데, 뭔가 이상했어요. 대안 공간이라고 하는데

'부산에서 기획자로 살아가기' 세미나 현장

갤러리는 아닌 거 같고 페인트칠도 해야 하고…. 그러다 그곳이 너무 좋아서 일을 시작하게 되었어요.

이광혁 공간힘을 잘 모르는 분들도 계실 텐데 소개 좀 해주세요.

김선영 공간힘은 2014년 문을 연 예술정치문화공간이이에요. 미술 전시를 주로 하면서, 사회에 목소리를 내는 예술에 집중하여 활동하고 있어요. 관람료는 없습니다.

강정환 저는 2011년 제주도에 있는 공연장에서 일을 좀 했어요. 세 달치 월급을 못 받았죠. 편의점 걸어가려면 네 시간 걸리고, 배달 음식도 오지 않는 곳이었어요.

이광혁 공연장 노예였네요?

강정환 낮 12시부터 밤 12시까지 일하고, 하루도 쉬지 않고 일하면서 80만 원 받았어요. 그때 공연 기획을 그만두려고 했죠. 그렇게 3년간 사람도 안 만났습니다. 그런데 다시 공연 기획이 하고 싶어지더군요. 2013년에 재미난복수에 들어갔어요. 전혀 몰랐던 곳인데, 군대 가기 전에 연극 수업을 듣다가 교수님이 이야기해주신 적이 있었죠. 어찌어찌 하다가 그곳에서 일을 하게 되었어요. 2013년에는 잡일을 하고 기획을 하지는 않다가, 본격적으로 기획을 하기 시작한 건 2014년부터입니다.

이광혁 재미난 복수는 어떤 단체인가요?

강정환 2008년부터 2013년까지 '아지트'라는 대안문화공간을 운영하다가 지금은 장전시장에 있어요. 정치와 문화운동에 관심이 많고 생활 공동체를 만들어가는 단체라고 보시면 됩니다.

정재경 기획 관련 일을 해야겠다고 마음먹은 건 고등학생 때였어요. 2011년에 대학교에 들어가서 1년간 놀고, 축제 기획을 하고 싶어서 공연 관련 일을 찾아봤어요. 하지만 정작 현장에서 할 수 있는 일은 공연장 안내원 같은 것뿐이었어요. 인터넷에서 맨 처음 찾은 일은 공연장 설치와 철수 같은 일이었죠. 그러다가 2013년에 기획을 처음 시작하게 되었어요. 우연히 인터파크 스탭스쿨이라는 공연 기획자 양성 과정을 듣게 된 것이 계기였습니다.

이광혁 밴드 음악을 좋아한 것이 공연이나 축제에 대한 관심으로 이어졌나요?

정재경 라디오를 듣다가 밴드 음악을 들었는데, 너무 좋은 거예요. 계속 찾아서 듣다 보니 좋은 음악들을 또 알게 되었고요. 팬이 되고 나서, 생활고 때문에 활동을 접는 인디 음악인들이 많다는 사실을 알게 되었어요. 너무 안타까웠죠. 내가 이 사람들에게 도움을 줄 수 있는 부분이 있지 않을까 하는 고민으로 기획자 일을 시작하게 되었어요.

이광혁 지금 속해 있는 단체도 직접 만드셨다고 들었습니다.

정재경 네, 인디언즈에서 하려는 일은 부산 인디 밴드들이 계속해서 활동을 해나갈 수 있도록 돕는 거예요. 활동 영역을 확장할 수 있는 프로세스를 만들고 인프라를 확장하고 싶어요. 그들의 고민을 나누고 함께 해결하는 단체를 만들기 위해서 노력하고 있어요. 반년 정도 되었어요.

기획하는 마음

이광혁 각자가 생각하는 '기획' 혹은 '기획자'의 정의는 뭘까요?

강정환 굉장히 주관적인 견해를 말씀드리자면 기획자는 페스티벌을 만들 때 관절, 그릇의 역할을 하는 사람인 것 같아요. 하드웨어와 뮤지션, 관객을 유기적으로 연결하는 역할이죠. 그렇게 해서 최상의 결과를 끌어내고요.

이광혁 자연스럽게 기획 프로세스에 대한 이야기도 해주셨는데요, 본인만의 기획 프로세스는 무엇인가요?

강정환 예술은 사회와 떨어질 수 없어요. 기획은 예술로 사회를 이야기하고 그 과정 속에서 생각에 균열을 일으켜 어떤 틈을 만들어가는 일이라고 생각해요.

이광혁 문제 인식에서 출발해서 해결 방법을 찾는 방향으로 기획을 해나간다는 말씀이네요.

정재경 저도 비슷한데요, 기획자는 연결자, 매개자라고 생각해요. 체계를 만들고 어떤 일의 프로세스를 정립하는 일을 하는 거죠.

이광혁 실무자에 가까운 느낌이네요. 그렇다면 본인만의 기획 프로세스는 무엇일까요?

정재경 소파사운즈의 목표는 브랜딩을 통해서 소파사운즈가 제시하는 콘텐츠를 사람들이 공감하고 즐기게 만드는 거예요. 소파사운즈라는 브랜딩을 활용하지만, 기존 소파사운즈와는 다르게 '소파사운즈부산'만의 무기는 무엇인가 고민을 많이 하고 있어요. 단순한 공간이 아니라 '뮤지션의 공간'이라는 테마를 정하고, 뮤지션과 관객이 서로 더 깊게 소통하고 관심을 가질 수 있는 방법에 대해 고민 중입니다.

이광혁 음악인에 대한 애정이 느껴지네요. 그것이 소파사운즈부산의 무기이지 않을까 싶습니다.

김선영 기획이란 콘텐츠를 어떤 내용과 방식으로 보여주고 나타낼지 고민하는 방식이라고 생각해요. 사실 저는 기획자라는 말보다는 큐레이터라는 단어에 좀 더 익숙해요. 요즘 많이 하는 일이 작가 개인의 큐레이팅인데요, 작가의 머릿속에 있는 것을 구현하는 데 도움을 주는 역할을 해요. 공간힘에서는 작가가 보여주고 싶은 것은 무엇일까, 그것을 구현하기 위해서는 어떻게 해야 할까 하는 것에 대해 이야기를 많이 해요. 최근에 독일에서 9년간 작업을 하고 창원으로 돌아오신 작가님과 함께 준비를 했는데, 3년간 개인전을 열지 않으셨더라고요. 공간힘에서 섭외해서 같이 작업을 하는데 주제 정하기가 너무 어려웠어요. 함께 고민을 많이 했죠. 작가님은 이방인의 감각을 굉장히 잘 표현하시는 분이었어요. 익숙한 것이 새롭게 보이게 하는 작업을 잘하시니, 익숙함과 새로움의 경계를 포착하는 지점을 살려서 개인전을 기획해보았어요.

이광혁 정환 님은 사회운동가, 재경 님은 매개자, 선영 님은 설계자로서 기획자의 시선을 가지고 계시네요. 비슷하면서도 다른 시각이 흥미롭습니다. 홍 내부에서 기획 세미나를 진행한 적이 있는데, 기획이란 예술가만이 아니라 회사의 모든 구성원이 이루어간다는 이야기를 했어요. P(문제)가 있으면 S(솔루션)가 있고, P를 바탕으로 S를 만들어가는 것이죠. 여기 계신 세 분도 그러한 맥락에서 각자의 방식으로 기획을 풀어가고 계신 것 같아요. 그렇다면 기획을 하는 과정이나 현장에서 기획자로서 듣기 좋았던 말과 싫었던 말은 뭐였을까요?

정재경 업계 선배들이 본인의 말이나 의도에 따르지 않으면 불이익을 주겠다는 말을 했을 때 무척 괴로웠어요. 그때 제가 20대 초반이었는데, 정말 많이 힘들었어요. 추행도 많았어요. 그런 일들이 엄청난 열정과 애정을 가지고 시작한 사람들에게 상처가 되거든요. 제가 일을 시작할 때는 그것이 잘못된 건지 판별할 용기도 없었죠. 좋은 순간은 같이 일한 예술가와 스태프 분들이 고마움을 표현해줄 때예요. 제가 한 일에 대한 긍정적인 피드백을 받을 때가 가장 행복해요.

강정환 듣기 안 좋았던 말은 진짜 생각이 잘 안 나요. 그런 이야기는 한 귀로 듣고 흘려보냅니다. 듣기 좋았던 말은 "넌 될 놈이다". 당연히 기분 좋은 말이지 않을까요?

김선영 공간힘에서 코디네이터로 일을 시작했는데, 제 앞에 두 명이 나갔었어요. 그래서 제가 때 공간힘의 새로운 코디네이터라고 소개하면 "너도 곧 나가겠구나"라는 반응이 많아서 힘들었어요. 이제는 동료 큐레이터로서 든든하다는 말을 듣고 있어요.

이광혁 부산에서 계속 기획을 해나가려면 상생을 고민할 수밖에 없습니다. 공연을 기획하려면 공연자들이 살아남아야 하고, 전시 기획을 하려고 해도 작가 분들이 살아남아야 하니까요. 부산 지역에서 활동하는 데 어떤 장단점이 있을까요?

김선영 부산에도 작가 분들은 정말 많아요. 단지 전시 기획자가 턱없이 부족한 거 같아요. 서울에 비해 판이 많이 좁은 건 사실이지만, 오히려 그래서 할 수 있는 것도 많아요.

이광혁 공간힘에서 기획 전시를 하면 관객이 어느 정도 오시나요?

김선영 요즘은 평균 100명 정도가 보러 오시는 거 같아요. 하루에 다섯 명쯤?

강정환 일단 좋은 점은 블루오션이라는 거죠. 기획자 선배들 중에 정말 존경스럽다 싶은 사람이 없으니, 내가 잘하면 되겠구나 생각합니다. 단점은 그만큼 인프라가 없다는 거예요. 그나마 지원사업에 의지해서 살아가는데, 그 사업들이 좋지 않아요. 양질의 콘텐츠를 만드는 것이 아니라 규모를 키워나가는, 질보다 양에 집중하는 방식이거든요. 한정된 예산으로 규모를 계속 키우려다 보니 서로가 서로를 착취해야 하는 상황으로 흘러가는 거 같아요.

이광혁 갑자기 궁금한데, 전시 기획을 하면 작가님들은 돈을 버나요?

김선영 아티스트 피를 조금은 드리고 있어요. 저희는 지원 사업이나 후원에 크게 의존하지 않기 때문에 세 명이서 돈을 벌어서 공간힘을 운영하고 있어요. 그러다 보니 작가님께 드릴 수 있는 돈이 너무 적더라고요. 그래도 올해는 다행히 기금을 받아서 작가님들에게 아티스트 피를 100만 원 단위로는 드릴 수 있게 되었어요.

이광혁 재경 님은 부산에서 공연 기획자로 살아내기 어떠신가요?

정재경 시장이 없어요. 이 씬에서 활동하는 예술가나 기획자 모두 돈을 벌어 생활을 할 수 없다는 것이 가장 큰 단점이라고 생각해요. 장점은 그래도 같이하고 싶은 사람들이 많다는 거예요. 좋은 뮤지션도 많고, 믿고 같이 일을 할 수 있는 사람들도 많아요. 서울을 제외하면 그나마 부산이 사람도, 뮤지션도, 인프라도 많은 편이라서 무언가 시도를 할 수 있는 상황이라 생각합니다.

이광혁 부산에 시장을 만들 수 있다고 생각하시는 거죠?

정재경 만들어야죠.

강정환 전 개인적으로 사람들이 믿고 신뢰할 수 있는 기획자 집단 혹은 공간을 만드는 것이 가장 빠른 방법이라고 생각해요. 그것을 만들기 위해서 노력하고 있어요.

이광혁 미술 작품도 팔리나요? 제 주변에서 미술 작품 사는 사람을 본 적이 없거든요.

김선영 사는 사람들은 있어요. 근데 공간힘의 특성상 사고파는 것을 본 적은 없네요. 아트페어 같은 곳에 가면 사고파는 경우도 많죠.

이광혁 예술은 꼭 팔려야 하는가에 대한 고민도 요즘 자주 하게 됩니다. 예술 자체가 사회적 노동으로 인정받을 수 있다면, 예술을 사고파는 행위가 필요 없어지지 않을까라는 생각도 들고요. 사회적 노동으로 예술을 규정하여 예술인의 생존을 보장하고 예술품을 사고팔 필요가 없는 사회로 나아갈 것인가, 아니면 예술가들의 생존을 위해 예술품을 사고팔 수 있는 시장을 키워나갈 것인가, 계속 고민할 화두란 생각이에요. 예술인은 이런 상황인데, 기획자의 경우는 어떠신가요? 기획을 통해서 먹고사니즘이 해결되나요?

김선영 공간힘으로 벌어들이는 수익은 없어요. 아르코에서 아티스트 피에 대한 규정과 논의는 생겨나고 있는데 큐레이터나 실무자에 관해서는 아직 구체화된 것이 없는 것 같아요.

이광혁 아티스트 피도 중요하지만, 기획자 페이 또한 중요하지 않을까요?

김선영 지금까지 운영이 어려워 아티스트 피를 너무 못 챙겨드린 거 같아서 올해는 기획자 인건비를 줄여서라도 아티스트 피를 챙기고 있어요.

강정환 먹고살기가 정말 힘든 구조인 것은 확실해요. 하지만 기획자들 중에 잘 먹고사는 사람들도 있어요. 예술가 페이 깎아서 이윤을 남기는 사람들이죠. 업자가 되는 거예요. 제가 버티는 방법은 돈을 잘 안 쓰는 거예요. 밥도 집에서 먹고, 취미도 그냥 스케이트보드 탑니다.

이광혁 기획자로 먹고사는 건 쉽지는 않다는 말씀을 해주셨어요. 지역 문화 재단이나 공공 문화 기관에 기획자로서 취직할 수 있지도 않나요?

강정환 그렇긴 한데 별로 하고 싶지 않은 게 문제죠. 그런 곳들은 프로세스가 아예 없다고 생각해도 좋을 정도로 곪아 있다고 생각해요.

정재경 세금 떼고 240만 원 정도 받고 일을 한 적이 있어요. 지금은 그 절반 조금 넘게 벌고 있어요. 이걸로 먹고살기가 좀 힘들긴 한데…. 이번 달에는 퇴직금이나 저축해놓은 것을 까먹고 살고 있지만, 이렇게 계속 버티는 건 힘들지 않을까요? 소비를 줄여야 하는데 스트레스네요.

이광혁 기획자의 삶 또한 불투명한 모험의 길이 아닌가 싶습니다. 예술가와 다르지 않네요. 마지막으로 기획자로서 앞으로 살아가기 위해 필요한 게 있다면 뭘까요?

정재경 최근 재단 분들과 이야기를 했는데, 초기 진입을 하려는 사람들에 대한 지원이 너무 단발성으로 끝난다는 의견을 드렸습니다. 최소한 2년 정도를 바라보는 장기적인 지원이 필요해요. 부산 인디씬이 활성화되는 것이 실질적인 음악 산업의 성장과 다양성 형성에 도움이 될 거라고 생각하고요. 그것이 가능한 시장을 만들어가야 합니다. 장기적인 관점으로 사람을 키울 수 있는 지원사업들이 생겨났으면 좋겠습니다.

강정환 제가 생각할 때 제일 필요한 것은 기본소득입니다. 그래야 도전과 모험을 할 수 있지 않을까요? 친구들한테 제가 사는 모습을 이야기하면 "철 안 들었다, 정신 나갔다" 아니면 "좋아하는 일 하는 게 부럽다" 딱 두 가지 반응이에요. 기본소득이 보장되면 더 많은 사람들이 하고 싶은 일을 하면서 살지 않을까요?

김선영 아까 말씀드린 아티스트 피와 더불어 큐레이터 비용도 책정되었으면 합니다. 같이 일하는 사람들에 대한 정당한 리워드를 보장할 수 있는 정책들이 있으면 좋겠어요.

이광혁 마지막으로 "좋은 기획이란 무엇인가?" 이야기해보죠.

정재경 기획을 통해서 무엇을 얻고 싶은지가 확실한 기획. 목표가 명

확해야 지표가 생기니까요.

강정환   참여한 아티스트와 스태프 모두가 만족하는 기획이 좋은 기획이겠죠.

김선영   메시지가 기억에 남는 기획이 좋은 기획이라고 생각합니다.

'부산에서 기획자로 살아가기' 스케치 영상

4장
사회를 변화시키는
흥텐츠

2년에 걸쳐 노동요 프로젝트를 진행한 흥은 노동자들이 직접 문화예술 콘텐츠를 만들어야 한다는 원칙에 대한 부담감을 내려놓고, 노동 현안에 더 집중해서 메시지를 문화예술적으로 풀어낼 수 있는 방안을 고민했다.

2018년까지는 '다홍치마 프로젝트'라는 이름으로 새로운 노동 집회 문화를 선보이는 실험을 했다면, 2019년에는 지역 의제의 범주를 확대하여 사회적 예술행동이라는 방향성을 가지고 시민들을 만나며 외연을 확장했다.

새로운 집회, 흥쾌한 시위

"대학교 2학년 때부터 매년 노동절 집회에 나갔어요. 생일이 5월 2일이라, 노동절은 제 생일 이브이자 술 먹고 노는 날이었죠. 처음 기본 노동절 집회 이미지는 '멋짐'이었어요. 왠지 모르게 든든하다는 느낌이 들었어요. 나부끼는 노조 깃발도 멋있고 빨간 머리띠와 조끼까지 완벽해 보였죠. 처음 들어보는 〈철의 노동자〉도 열심히 따라 부르고, 각 잡힌 노동 문선(율동)도 입을 벌리고 지켜봤던 기억이 나요. 그렇지만 멋짐도 하루 이틀이지, 10년 넘게 참가했던 노동절 집회는 거의 매번 똑같은 모습이었고, 질리기 시작했어요. 시간은 흘러가는데 집회 참가자는 바뀌지 않는 듯했고, 집회에 사용되는 문화 콘텐츠도 거기서 거기였어요. 직접 노동절 집회 기획단에 의견을 제시하고 나중에는 기획단에 들어가기도 했지만, 제가 제시하는 의견들은 받아들여지지 않았죠."

광혁이 흥을 만들고 나서 제일 먼저 결심한 것이 노동절 집회에서 변화를 보여 주자는 것이었다. 그 열정이 한창 솟구쳤을 때 학비노조를 만났다.

학비고고장

'학비고고장' 메이킹 영상

학교 비정규직 노동자들의 신나는 행진

"흥이 준비 기간을 거치고 2017년 1년차를 시작했을 때, 뭔가 빨리 보여줘야 한다는 강박이 있었어요. 그런데 그게 동력이 되어 학비 노동자들의 적극적인 참여를 이끌어내고 좋은 결과를 낼 수 있었어요. 기획 회의 과정도 즐거웠어요. '이렇게 해보자, 저렇게 해보자, 우리가 이걸 준비할게 너희가 이걸 준비하는 게 어떻겠니?' 하며 서로 잘 만들어보려고 노력했어요.

고고장 콘셉트는 제가 제안했어요. 디제잉에 한창 관심이 있던 시기라 자원해서 디제이가 되겠다고 했고, 학비 노동자 분들은 영화 〈써니〉의 주제가에 맞춰 라인 댄스를 준비하겠다고 맞장구를 쳐주셨어요. 그리고 너무 노는 판으로만 가면 안 된다는 생각에, 학비 노동자 분들의 직종별로 1개씩 사연을 받아 즉석에서 읽기로 했어요. 뭔가 레트로의 깔에 아주 잘 맞는 느낌이었죠."

영화 〈써니〉의 한 장면을 함께 떠올리면서 롤러장과 고고장 콘셉트를 잡아나갔다. 학비노조 조합원들은 "옛날 생각난다, 재밌겠다"며 즐겁게 기획에 동참했다.

노동절 당일, 퍼레이드 전에 광혁은 아차 싶은 점을 발견했다. 다른 노조들의 퍼레이드는 좀 무겁고 침울한 분위기였기 때문이다. 핫핑크 의상을 입은 학비노조가 너무 튀진 않을까 당일이 되어서야 걱정이 됐다. 하지만 기왕 이렇게 된 거 뭔가 보여주자 싶었다.

의상은 15만 원 정도를 들여 남포동 국제시장에서 복고풍 옷을 주워 왔다.(한 벌당 1000원에서 2000원이었으니 주워 온 거나 다름없었다.) 롤러스케이트는 주변에 수소문하여 공수했다. 학비 노동자 분들에게는 집에 있는 선글라스랑 촌스러운 양말 같은 소품을 준비해달라고 요청했다. 각자 의상이 달랐기에 대오에 통일성을 주기 위해 분홍색 스카프는 단체 구매했다.

그렇게 차려입고 방송차를 앞세워 춤을 추며 따라 걸었다. 차에 탄 디제이 광혁과 댄서 두 명이 음악을 틀고 춤을 추며 "최저임금 1만 원", "근속수당 5만 원"을 외쳤다.

"아직도 생생하게 기억이 나요. 너무 신났어요. 옛날 노래를 개사해서 노동 의제와 구호를 섞어 불렀죠. 퍼레이드가 잠깐 멈출 때면 어김없이 음악

학비고고장 포스터
ⓒ 전국학교비정규직노동조합 부산지부

학비고고장에 참여한 학비 노동자들

을 틀고 라인댄스 타임을 가졌어요."

지나가는 시민들의 관심과 시선이 느껴졌다. 여기저기서 스마트폰을 꺼내 촬영을 하는 모습도 보였다. 광혁 인생에서 가장 즐거운 노동절 집회였다.

'최저임금님'과
수공예 예술인의 환상 콜라보

'최저임금 납시오!' 스케치 영상

"부산 온천천에 최저임금 납시오!"
2017년 흥 사무실에서 5분 거리에는 핸드메이드 소품샵 '도모'가 있

'최저임금 1만 원' 캠페인에 참여한 시민들

었다. 그곳에서 금정구 예술인들 사이에 '도모 요정'으로 통하는 3인 방이 작업을 했다. 2011년 우연히 대장 요정 전혜정과 만난 광혁은 서로 크고 작은 일을 함께하며 친해졌다. '아마존'이라는 단체를 이끌며 플리마켓을 열고 일반인들이 쉽게 참여할 수 있는 재미있는 활동을 기획하는 혜정을 보며, 집회나 캠페인 현장에 이런 예술활동을 접목하면 좋겠다는 생각을 하게 되었다. 그러던 차에 2017년 흥을 만들고 나서 도모 요정들과 함께 일을 '노모'할 기회가 왔다.

"최저임금 1만 원과 관련한 크고 작은 투쟁과 캠페인을 만드는 흐름이 있었어요. 저는 엉뚱하게도 이 슬로건에서 '임금님'이 떠올랐어요. 그래서 석현에게 최저임금 의상을 만들어달라고 부탁했고, '최저임금님' 옷을 힘겹게 만들어서 입고 집회에 나갔죠. 딱딱한 집회 현장이 한결 부드러워지고 유쾌해지는 느낌을 받았어요. 최저임금님으로 분장하고 다니는 것이 하나도 안 부끄럽고 너무너무 즐거웠어요.

'도모'의 수공예 예술인 3인방과 최저임금님

포토타임을 가져보시라고 유쾌하게 다가가니까 평소에 받기 싫어하시는 유인물도 잘 받아주셨고요."

집회가 끝나고 며칠 후 민주노총 간부가 2주 뒤 온천천에서 열리는 '최저임금 1만 원' 캠페인 겸 걷기 대회를 함께 기획해달라는 요청을 해왔다. 광혁은 석현과 함께 도모를 찾아가 '최저임금 1만 원' 운동에 대해서 토론하고 함께해줄 수 있냐고 제안했다. 도모 구성원들은 본인들도 자영업을 하고는 있지만 노동자일 때가 더 많다며 적극적으로 화답했다. 도모는 뭘 할 수 있을까 고민하기 시작했고, 광혁은 아마존 플리마켓에서 본 시민 참여 코너 같은 걸 해보는 게 어떨까 제안했다. 그렇게 머리를 맞대고 의논한 결과 최저임금님 캐릭터를 스텐실로 찍어 만드는 '최저임금 1만 원 에코백 만들기'와, 걷기 대회의 취지에 맞춘 '실로 만드는 생수통 가방', 더워지는 날씨를 고려한 '내가 만드는 부채' 코너를 기획하게 되었다.

당일 아침부터 천막을 치고 탁자와 의자를 설치하고 부지런하게 준비를 했다. 광혁은 또다시 최저임금님 복장으로 갈아입었다. 그렇게 행사가 시작되었고, 행사에 참가한 노조원 분들과 지나가는 시민들, 아이들까지 즐겁게 체험 부스에서 시간을 보냈다. 직접 만든 에코백과 부채를 하나씩 챙겨 가는 모습을 보며 다들 뿌듯함을 느꼈다.

그 뒤로도 홍은 도모 예술인들과 여러 행사를 함께 준비했다. '문화다양성 페스티벌'도 함께했다. 수공예 예술가들이 집회 현장에 참여하니 따뜻한 기운이 전해졌다. 물론 생각보다 많은 예산과 노력이 들고, 평소와 달리 디테일한 실무가 요구되었지만 도모 요정들은 언제나 익숙한 듯 힘든 내색을 하지 않았다. 수공예 예술만의 따뜻하면서도 단호히 엮인 힘은 집회 현장에서도 여지없이 빛을 발했다.

울려라 골든벨

〈울려라 골든벨〉 뮤직비디오

부산청년유니온과 함께한 '청년 UP 페스티벌' 스케치 영상

이리 치이고 저리 치이는 이 시대 슬픈 청춘들의 희망가

홍은 2017년 한 해 동안 쭉 '최저임금 1만 원' 구호를 외쳤다. 하지만 2021년인 지금도 최저임금 1만 원은 실현되지 않았다. 그때나 지금

이나 이 땅에 살아가는 청년들의 처지는 여전히 힘들다. 당시에 청년들이 겪는 노동 문제를 해결하기 위해 생겨난 단체가 바로 '청년유니온'인데, 부산에도 지부가 만들어져 활발히 활동 중이었다. 흥에서 활동했던 박주영 활동가가 부산청년유니온에서 활동하고 있어서 평소에도 자주 소통하고 있었다.

그리고 그해 흥 내부에서는 구성원들이 대부분 음악을 하고 있으면서도 음악으로 활동하지 않는 것에 대한 문제 제기가 있던 참이었다. 그래서 청년유니온과 함께하는 이슈는 음악으로 기획을 해보자는 데 뜻이 모였다. 청년유니온은 청년들의 문제를 해결하려 모인 단체였으므로 흥이 다가가기에 어려움은 없었다. 흥은 더 나아가 곡을 쓰는 것은 뮤지션에게 맡기고, 청년 노동자들의 염원을 담은 가사를 청년들이 직접 써보자는 제안을 했다.

처음 해보는 작업이라 단어 하나 짜내기도 만만치 않았다. 네 번 정도 모이면서 그때마다 커리큘럼을 바꿔가며 진행을 했다. 처음에는 간단한 일기 쓰기로 시작해서 그 일기를 시로 써보고, 그걸 가사로 바꾸었다.

가사 쓰기만큼이나 누가 곡을 붙일 것인지도 문제였다. 흥은 부산에서 활동하는 수많은 뮤지션 중 어떤 기준으로 누구를 선정해서 제안할 것인가 고민하다 스카웨이커스에서 활동했던 싱어송라이터 천세훈을 선정했다. 최근까지 낸 솔로 앨범에서 다양한 장르를 시도했고, 어떠한 가사에도 옷을 잘 입혀줄 것 같았다. 무거운 주제일 수도 있지만, 평소에 사회 참여를 많이 해왔던 그인지라 승낙해주리라 확신했다. 천세훈은 흥의 제안을 흔쾌히 받아주었고, 작업은 일사천

리로 진행되었다. 같이 밴드 활동을 하던 최정경과 박건반은 자발적으로 연주를 도와주었다.

『울려라 골든벨』 앨범 재킷

"처음 곡을 받았을 때 놀라움을 금치 못했죠. 생각보다 훨씬 신났어요. 노동가요 혹은 민중가요로 분류될 만한 성격의 노래인데, 곡의 느낌은 잘빠진 '대중가요'였거든요."

흥 멤버들 대다수가 인디 밴드 출신이었기 때문에 어렵지 않게 유통사에 음원을 맡기고 음반 발매까지 내달렸다. 드디어 음원이 나오고, 그 사이에 청년유니온 조합원들은 율동을 만들어 나름의 뮤직비디오까지 완성했다. 그다음으로는 홍보를 시작했다. 주변 지인들과 조합원들도 열심히 퍼 날랐다. 하지만 대중의 반응은 기대에 미치지 못했다.

"반응은 뜨뜻미지근했어요. 고생해서 만든 창작물인데 사람들은 그렇게 좋아해주지 않더라고요. 아쉬웠어요. 만드는 데는 세 달 걸렸는데 반응은 일주일이면 판가름 나니까요. 그래도 음원 사이트에서 '울려라 골든벨'을 검색하면 부산청년유니온이 나와요. 부산청년유니온 청년들도 창작의 기쁨을 함께 누릴 수 있어서 좋았고 뿌듯했어요."

울려라 골든벨

낮엔 공부해 골 때리고 밤엔 출근해 멍 때리고
월세 걱정에 취업 준비에 주문 벨 소리에 빡치고
나만 빼고 싹 다 비싸고 궂은일들에 나는 똥 싸고
친구 놈들이 한잔하자는 전화벨 소리에 쌩까고

폐기 음식 먹는 패기 없는 나는 폐기 알바 인생
N빵 할 때 현금 없다 눈치 보는 나는 최저 인생
못 본 척 바쁜 척 사실 떡 하고 계산대 가서
척 카드 내밀고 한턱 쏘고 싶은 나의 신세

새우깡에 안주 세우는 애들 모여라
오늘은 내가 여기 쏜다(1차 2차 3차 막차)
만 원의 행복 찾는 친구들은 모여라
만 원 받아 내가 쏜다

(후렴)
울려라 골든벨 (땡) / 울려 (땡) 울려 (땡)
울려라 골든벨 (땡) / 울려 (땡) 울려 (땡)
울려라 골든벨
땡 땡 땡땡땡 땡땡땡땡 땡땡땡땡
울려라 골든벨
땡 땡 땡땡땡 땡땡땡땡 땡땡땡땡
울려라 띠용

알바 시작했더니 시급이 만 원? 시급이 만 원?

만 원 만 원 만 원 만 원 아아아아 쇼킹
시급 올라간다 쭉쭉쭉쭉 쭉쭉쭉쭉
언젠가는 건물주가 되고 말 거야
내 지갑을 봐 두둑하잖아(만 원)
만 원 십만 원 잔액 swag

컵라면에 소주 마시는 애들 불러라
오늘은 내가 여기 쏜다(1차 2차 3차 막차)
만 원의 행복 찾는 친구들은 모여라
만 원 받아 내가 쏜다
(후렴)

김수한무 이순신과 두루미 퇴계 이황 율곡 이이
그중에서도 제일 원하는 건 세종대왕님
(후렴)

공짜 노동을 물리칠 물총부대 도심 바캉스

'물총부대 도심 바캉스' 스케치 영상

금속노조 노동자들의 특별한 여름

금속노조에서 흥으로 전화가 왔다.

"우리가 뭐 하나 준비하고 있는데 흥이 좀 도와주이소."

물총을 쏘는 금속 노조원들

　석현과 광혁은 일단 미팅부터 잡았다. 알고 보니 흥이 노동절에 진행했던 '학비고고장' 퍼레이드를 보고 관심이 생겨 연락처를 수소문해서 전화를 주신 것이었다. 흥의 유쾌함과 새로움이 신선하게 다가왔다고 했다.

　이야기를 들어보니 회사 측에서 임금을 제때 지불하지 않고 추가 업무에 대한 수당을 지급하지 않는 것을 포함해 4대 요구안을 내걸고 싸우는 중인데, 지역 시민들에게도 이 문제를 알릴 수 있도록 퍼레이드를 준비하고 싶다는 것이었다. 퍼레이드라면 자신 있는 흥은 기회다 싶어 조금 무리가 될지라도 신선한 아이템의 행진 콘셉트를 다양하게 제안했다. 그런데 설명을 할수록 노조 간부들의 표정이 굳어졌다. "너무 파격적이야. 우리 노조 분들은 그렇게 못해. 그건 너무 가볍지…." 그렇게 첫 미팅에서는 합의된 방향을 찾지 못한 채 사무실로 돌아왔다. 그리고 좀 덜 파격적인 안을 만들어보기로 했다.

　그렇게 '물총부대 도심 바캉스' 안이 확정되었다. 한여름 네 시경 뜨거운 아스팔트 도심에서 진행해야 하는 퍼레이드니 시원하게 진행하자는 의도가 첫 번째였다. 두 번째 의도는 밀린 월급을 받아서 바 캉스 떠나자는 염원을 담는 것. 여기까지는 서로가 합의한 지점이었 다. 그리고 흥 내부에서 마련한 숨은 의도가 하나 더 있었다. 학비 노동자들만큼 퍼레이드 참여가 열성적이지 않을 수도 있으니 참여도 를 높이기 위해 손에 물총 하나씩 쥐여드리는 것이었다.

음악을 트는 방송 트럭 뒤를 노조원들이 흥겹게 따라오는 형식은 사실 학비고고장과 거의 동일한 방식이었다. 다른 점은 콘셉트였다. 물놀이 가는 것처럼 밀짚모자를 쓰고 튜브를 끼고 손에는 물총을 들 고 걸었다. 중간 중간 발언이 길어지지 않게 당시 유행하던 '아이스버 킷 챌린지'의 형식을 빌려 이벤트를 진행했다. 의상은 또다시 국제시 장에서 공수했다.

학비고고장만큼 파격적인 퍼포먼스는 아니었지만, 금속노조가 지닌 철옹성 같은 이미지에서 벗어나 더위와 함께 공짜 노동을 날려 버리겠다는 익살스럽고 유쾌한 메시지를 시민과 함께 나눈 인상 깊 은 퍼레이드였다. 지금도 흥은 어디 가면 금속노조랑 물총 퍼레이드 했던 단체라고 자랑하곤 한다. 흥은 그렇게 하나씩 변화를 가져오고 있다.

사주화死注化 프로젝트

死注化 : 죽음의 외주화

2016년 구의역 김 군부터 2018년 태안화력의 김용균까지, 그들의 죽음은 단순한 사고가 아니다. 이것은 대한민국에 사는 누구에게나 드리워진 칼날이기도 하다. '외주화'로 인해 죽음으로 내몰리는 청년들의 현실을 더는 지켜볼 수 없어서 부른 노래가 일곱 개의 트랙이 되어 앨범으로 제작되었다.

「死注化: 죽음의 외주화」 앨범 재킷
디자인: Nulook

사주화 프로젝트를 진행하면서 동환은 기획부터 예술인들과의 협업, 결과물의 퀄리티까지 처음으로 만족스럽다는 생각이 들었다. 이 프로젝트는 조금씩 무뎌지는 기획자로서의 태도와 마모되는 자부심으로 자칫 관성에 빠지기 쉬운 때에 그를 다시 깨워주었다.

동환은 사회적 예술을 만드는 데 중요한 포인트가 '시의성'이라고 생각한다. 시대의 문제를 포착하고 문화예술로 목소리를 내는 것이야말로 홍처럼 사회적 예술, 실천예술을 만들어가는 단체에게 반드시 필요한 감각이다.

"'사주화死注化: 죽음의 외주화' 프로젝트는 고 김용균 님을 위한 추모 헌정 앨범으로 시작하려 했어요. 2018년 12월에 태안화력 사고를 시작으로 죽음의 외주화에 대한 이야기가 재점화되었고 여러 사회운동이 만들어지고 있었거든요. 홍은 부끄럽게도 이 사안을 빠르게 포착하지는 못했다고 생각해요. 이 문제로 우리가 무언가를 해야겠다는 생각은 해가 지나 2월이 되어서야 했으니까요. 비록 약간 늦었지만 지금이라도 진행하자는 이야기가 나왔고, 방향을 약간 선회했어요. 김용균 님 추모 헌정 앨범으로 그치지 말고, 근본적인 문제인 '죽음의 외주화'라는 의제 자체에 대한 이야기를 해보자는 거였죠. 늦게나마 문제를 인식하고 시의성 있게 진행한 프로젝트였다고 생각해요."

동료 뮤지션과 함께

"너무 늦지 않게 하루라도 빨리 앨범을 만들어 내고픈 욕심이 있었어요. 새로운 사람들을 만나고, 프로젝트의 취지를 설명하고, 작업 과정을 조율하는 것 모두 시간이 드니까 일단은 기존에 홍과 함께 작업을 해보았거나 공연 현장에서 자주 만난 음악 예술인들과 함께 빠르게 진행하는 방향으로 정리됐어요."

홍과 평소에 관계를 맺어온 뮤지션들을 만났고, 다행히 흔쾌히 응해주었다. 만나고, 곡을 쓰고, 레코딩을 하고, 발매하는 데 2개월

이 채 걸리지 않았다.

"음원 하나하나 들어보면 아시겠지만 절대 대충 만든 곡들이 아니거든요. 많은 마음을 담아냈기에 짧은 시간에 훌륭한 퀄리티의 작품이 만들어졌다고 생각해요."

프로젝트에 흔쾌히 참여한 건 음악 예술인들만이 아니었다. 앨범 재킷에도 전문가의 손길이 고스란히 깃들어 있다.

"앨범의 타이틀을 시각화하는 작업이 생각보다 어려웠어요. 그래서 부산에서 디자인, 아트워크를 하는 예술인과 미팅을 가졌어요. 다양한 아이디어가 나왔고, 흔쾌히 재킷 디자인 작업을 맡아주셨어요. 기획 단체 흥과 자발적으로 참여해 주신 많은 예술인의 도움으로『死注化: 죽음의 외주화』앨범은 빠르게 완성됐어요."

확장성에 대한 아쉬움

프로젝트를 진행한 다음에는 늘 그렇듯 확장성에 대한 아쉬움이 뒤따른다. 좋은 프로젝트를 열심히 진행해서 좋은 콘텐츠가 나왔는데 많은 대중에게 선보이지 못하는 경우가 적지 않다. 기획과 집행의 프로세스는 확립되어 가는데, 흥에게 '홍보와 마케팅'은 여전히 어려운 분야다. 그래서 2020년에는 내부에 홍보마케팅 팀이라는 별도의 팀을 만들었다.

"그럼에도 이 프로젝트를 확산하기 위해 많은 노력을 했어요. 인터뷰 영상을 만들고, 유튜브에 전 곡 듣기 링크도 올리고, SNS 홍보도 진행하고…. 가장 아쉬운 부분은 앨범 쇼케이스가 계획 단계에서 좌절된 거예요. 예산 문제에 부딪혔죠. 기획자의 역할이 문제를 포착하고, 아이디어를 내고, 프로젝트를 진행하고, 콘텐츠를 창출하는 데서 끝나는 게 아니라는 걸 절실히 체감하게 해준 프로젝트예요. 얼마나 많은 사람들에게 우리 프로젝트를 알리고 싶은지, 그 예산을 어떻게 마련할지에 대한 고민과 실천이 반드시 병행돼야 한다는 걸 통렬히 느꼈죠."

아쉬움은 남지만 사주화 프로젝트는 홍이 할 수 있는 사회적 예술의 전형이자 중요한 사례로 꼽힌다. 사회 문제를 포착하여 프로젝트를 신속히 진행하고, 홍의 두리에 있는 예술인 네트워크를 적극적으로 발동해 만들어낸 콘텐츠였다. 홍이 지닌 음악 분야의 전문성까지 총동원되었다. 홍은 이번 앨범 작업을 계기로 문화와 예술의 힘으로 더 나은 사회를 꿈꾸는 활동의 필요성을 더욱 절감했다.

『死注化: 죽음의 외주화』를 만든 사람들의 이야기

비영가

작사, 작곡, 편곡, 기타, 노래 이동진 / 트럼펫 최동환 / 트롬본 이준호

장맛비 내리던 어느 날, 로드킬 당해 죽은 동물의 사체를 보고 아무렇지도 않게 지나치는 차들의 모습이 무척 잔인하게 느껴졌다. 인간의 욕심 때문에 생태계가 파괴되어 먹이를 찾기 위해 위험한 도로를 건널 수밖에 없는 동물들의 상황이 너무나 안타까웠다. 그것은 마치 죽음이 도사리는 위험한 일터인 줄 알면서도 생존을 위해 어쩔 수 없이 목숨을 걸고 가야 하는 소외된 비정규직 노동자의 모습 같았다.

민낯

작사, 작곡, 편곡, 기타, 노래 곡두

부조리를 마주하고 가식과 위선과 방관과 외면과 무관심, 무력감 같은 그럴듯한 위악들이 진실한 위로인 양 받아들여질까 몹시 두렵고 역겨운 마음에 짓게 된 곡이다.

수리수리마수리

작사, 작곡, 편곡, 기타, 노래 서준오 / 퍼커션 이광혁

김용균 씨 일을 바라보며 복잡한 생각이었는데, 무엇보다 방향만은 확실해졌다. '평범하게 그냥 잘 살고 싶다'라는 보편타당함으로.

시계(원곡: 사계_문승현)

작사 안병용 / 작곡, 프로듀싱 천세훈 / 편곡 안병용, 천세훈 / 노래 안병용

인간에 대한 근본적인 철학이 바뀌지 않는다면 50년이 지나도 100년이 지나도 사회 체제는 약자를 죽이고 억압할 것이다. 그 죽음 위에 돌아가는 첨단 사회, 배당금 잔치를 저격한다. 고 김용균 님의 명복을 빌며.

사람 목숨

작사, 작곡, 편곡, 노래, 프로듀싱 서이다

사람의 존엄과 생존권이, 심지어 목숨까지도 그저 돈처럼 셀 수 있는 것으로 여겨지는 게 싫어서 여러 투쟁에 연대했다. 그곳에서 제도와 체계는 우리의 말을 듣기 싫다는 것을 생각보다 노골적으로 내비치곤 한다는 걸 알게 되었다. 아주 큰 무력감을 느껴야 했다. 이 노래는 그런 무력감에서 출발했다. 그렇지만 이 땅에서 투쟁하는 이들에게는 그럼에도 싸움을 멈출 수 없는 이유들이 있을 것이다. 그런 마음들을 들어주었으면 좋겠다.

죽은 시인의 사회

작사, 작곡, 편곡, 기타, 노래 내이름은로스코

죽은 시인들이 살아가는 사회에서 누군가 전하고 싶었던 이야기.

안녕

작사, 작곡, 기타, 노래 이내 / **편곡** 이내, 천세훈 / **트럼펫** 천세훈

어느 봄부터인지 겨울을 견디고 번지는 연두색이 애틋하고, 잠깐 피었다 지는 색색의 꽃들이 애달프기 시작했다. 사라지는 모든 것들은 남겨진 것들에게 의미를 전한다고 믿는다. 그리하여 안녕은 새로운 안녕을 기대한다. 떠나간 이들에게 충분한 애도를 보낼 수 있기를, 남겨진 이들은 좀 더 나은 세상에서 부끄럽지 않은 인사를 건넬 수 있기를.

『死注化: 죽음의 외주화』에 참여한 뮤지션들

 『死注化: 죽음의 외주화』 앨범 전 곡 듣기

특수고용노동자백서

노동자임에도 법률상 '개인사업자'로 분류되어 노동자의 권리를 보장받지 못하는 사람들이 있다. 바로 '특수고용노동자'다. 비정규직 노동자를 주된 의제로 삼고 노동문화, 노동 인권, 사회적 불평등을 이야기하던 홍에게 또 다른 사각지대에 놓인 특수고용노동자라는 의제는 무겁게 다가왔다. 노동을 하고 있지만 근로기준법이 정의하는 근로자의 범주에서 배제된 채 기본권을 보장받지 못하는 사람들의 일터는 어떤 모습일까? 홍은 시민들의 일상에 가장 가까이 존재하는 택배 노동자들의 일상을 웹툰으로 전해보자는 데 마음을 모았다.

본격 리얼 택배 웹툰 「탑차」

웹툰 「탑차」 전편 보기

택배 웹툰 「탑차」 오프닝 스틸 컷

홍은 뉴미디어 사업에 대한 고민을 많이 했다. 홍 프로젝트와 사회적 예술을 알리기 위해서는 다수의 대중과 밀접하게 소통할 수 있는 SNS 채널이 필요했고, 홍의 SNS 계정을 활성화하는 방안에 대해 여러 토론을 진행했다. 가장 큰 문제는 홍만의 킬링 콘텐츠가 부재하다는 것이었다. 그래서 홍 채널에 사람들을 유입할 수 있는 유의미한 콘텐츠를 연재해보자는 데 다들 공감했다.

"택배 노동자 이야기를 웹툰으로 만들어서 우리 SNS 채널에 연재해 보면 어떨까?"

홍보국장 석현이 던진 한마디는 사업계획서가 되었고, 프로젝트가 시작되었다.

‘지금 흥 캐러 갑니다’와 같은 노동 단체 간담회를 통해 다양한 노동조합이나 노동운동가들과 인연을 맺어가던 흥은 본격적인 웹툰 제작을 위해 택배 노조와 간담회를 진행했다. 거기서 차마 웃지 못할 수많은 이야기들을 들었다.

흥은 택배 노동자의 에피소드를 웹툰으로 그려내 특수고용노동자의 근무 환경과 특수성, 그리고 투쟁을 알리고자 했다. 웹툰을 보는 이들에게 사회적 공감대를 불러일으켜 그들의 노동 환경을 바꾸는 데 힘을 보태고, 나아가 노동의 가치를 높여보자는 목표를 세웠다. 택배 노동자들의 이야기를 있는 그대로 그리는 것만으로도 스토리가 완성되었다.

당초 1부 4화로 기획했던 웹툰 「탑차」는 성과에 힘입어 1부 6화, 2부 5화, 그리고 특별편 1화까지 총 12화가 연재되었다. 흥의 자체 기획과 제작으로 완성된 「탑차」 프로젝트는 ‘특수고용노동자백서’ 프로젝트의 전신이 되었다.

석현에게 첫 번째 웹툰 「탑차」는 여러 모로 특별한 작업이었다.

“웹툰 「탑차」 작업에서 무척 큰 뿌듯함을 느꼈어요. 택배 기사들의 노동 현장을 인터뷰한 내용으로 그림을 그리는 과정 자체가 재미있었어요. 웹툰을 잘 그려서가 아니라 일단 한번 시도해보자는 차원에서 시작했는데 주변의 피드백도 좋고, 무엇보다 택배 노조 기사님들이 좋아해주셨거든요.”

2019 특수고용노동자백서

특수고용노동자백서 웹툰 애니메이션
'대리기사 편'과 '택배기사 편'

2019년 부산문화재단에 '부산을 변화시키는 예술' 사업 공고가 났다. 흥의 모든 프로젝트가 부산 그리고 사회를 변화시키는 예술이라는 자신감이 있었지만 가장 먼저 떠오른 것은 특수고용노동자와 「탑차」 프로젝트였다. 자본금 없이 자체 제작으로 진행했던 「탑차」 프로젝트의 규모를 지원사업을 통해 확장한다면 더없이 좋을 터였다. 흥은 택배로 한정되었던 주제를 넓혀 같은 특수고용 직종인 대리운전 노동자 이야기를 함께 다루기로 했다. 콘텐츠의 형태도 웹툰에서 발전시켜 웹툰에 음악을 입힌 애니메이션으로 확장했다.

특수고용노동자의 사각지대는 직종마다 다른 방식으로 존재했고, 그것을 다루기 위해서는 장기 프로젝트가 필요했다. 그렇게 「탑차」 프로젝트는 '특수고용노동자백서 프로젝트'로 발전했다. 콘텐츠 생산을 위해서는 우선 특수고용노동자들의 이야기를 어떤 관점으로 다룰 것인가를 논의해야 했다. 특수고용노동자의 처우와 현황에 대해 공부하고 택배 노조, 대리운전 노조에 인터뷰를 요청해 현직 노동자들의 이야기를 경청했다. 현직에 종사하는 당사자가 아니라면 알 수 없는 생생한 이야기를 들을 수 있었다. 그렇게 특수고용노동자백서 '택배기사 편'과 '대리운전 편'의 뼈대를 만들었다.

'특수고용노동자백서' 메인 이미지

흥은 특수고용노동자백서 프로젝트를 진행할 때 세 가지 목표와 함께 새로운 가능성에 대한 질문을 던졌다. 첫째는 지속 가능한 노동예술 콘텐츠를 제작하는 것이다. 노동과 예술의 연결을 통해 지역 사회에서 지속적으로 콘텐츠를 만든다면, 지역 문화를 바꾸어갈 근본적인 힘이 되지 않을까? 둘째는 예술의 힘으로 노동의 가치를 높이는 것이다. 문화예술 콘텐츠의 힘으로 노동에 대한 사회 담론을 만들고 노동의 이미지를 긍정적으로 브랜딩할 수 있다면 노동자의 권리에 대해 좀 더 쉽게 말할 수 있는 세상이 오지 않을까? 셋째는 사회적 예술의 비전을 보여주는 것이다. 노동자와 노동 인권을 주제로 한 콘텐츠가 다양한 예술 장르로 존재할 수 있음을 보여준다면, 흥이 지향하는 사회적 예술의 역할과 필요성에 대한 이해와 공감대를 만들어갈 수 있지 않을까?

흥은 노동을 주제로 한 웹툰을 안정적으로 연재했고, 음원도 만들었다. 웹툰에 음원을 입혀 웹툰 뮤직비디오도 제작했다.

홍은 이 콘텐츠들이 온라인상에서 유통되고 휘발되는 한계를 극복하기 위해 오프라인 성과 공유회를 진행했다. 지역의 문화예술 공간인 부산 아트홀 노드Node에서 전시회 겸 리셉션 파티를 기획했다. 특수고용노동자백서 프로젝트 과정에서 생산된 영상, 음악, 웹툰 콘텐츠를 전시하고, 음악을 만든 뮤지션들의 라이브 공연도 하고, 간담회에서 이야기를 들려주었던 현직 특수고용노동자들의 토크 콘서트도 이어졌다. 노동과 예술이 연결되는 장이었다.

특수고용노동자백서 '전국민고용보험' 편

특수고용노동자백서처럼 콘텐츠 제작이 주가 되는 프로젝트에서는 예산이 많은 부분을 결정짓는다. 2019년 지원사업을 통해 충분한 예산을 확보한 특수고용노동자백서 프로젝트는 많은 콘텐츠를 만들고 성과 공유회도 진행하는 등 날개를 폈지만, 2020년에도 이 프로젝트를 지속할 수 있을지는 미지수였다.

아쉽게도 홍은 콘텐츠를 통해 수익을 창출하는 방법을 찾지 못했다. 2018년 「탑차」 프로젝트처럼 예산이 없는 상태에서 자체적으로 프로젝트를 진행할 수도 있지만, 당장 규모를 축소하기보다는 프로젝트를 온전히 진행할 수 있는 예산을 확보하는 방안을 백방으로 물색했다. 2019년 진행 과정을 지켜본 사단법인 노동인권연대에서 특수고용노동자백서 프로젝트를 함께 진행하자고 연락을 주셨고,

특수고용노동자백서 '전국민고용보험 편' 메인 이미지

2020년에도 콘텐츠를 지속적으로 제작할 수 있게 되었다.

2020년은 특수고용노동자 관련 이슈 가운데서도 전국민고용보험에 관한 이야기가 뜨거운 감자로 떠올랐다. 홍은 특정 직종보다 고용보험에서 배제되어 있는 특수고용노동자들의 처우에 대한 이야기를 전국민고용보험 입법 논의와 맞물린 시기에 웹툰으로 만들어보고 싶었다. 그렇게 2020년 특수고용노동자백서는 '전국민고용보험 편'으로 기획, 제작되었다.

프로젝트는 햇수로 4년차에 접어들었지만 제작비 문제는 늘 홍이 당면한 과제다. 정성껏 만든 상품으로 발생한 수익으로 새로운 상품을 만들 수 있어야 하는데, 공익 콘텐츠로 선순환 구조를 만들기란 쉽지 않다. 자본주의 사회에서 하루아침에 해결될 과제는 아니므로 홍은 우선 노동자들의 불합리한 처우를 어떻게든 알리는 것에 더 집중하고 있다. 그것이 홍이 존재하는 이유이기도 하다.

그럼에도 불구하고 Nonetheless

흥과 SDGs

2020년 초, 흥은 SDGs에 대한 워크숍을 진행했다. SDGs란 'Sus-tainable Development Goals'의 약어로 2015년 UN에서 채택한 의제이다. '지속 가능한 발전 목표'라는 뜻이다. 사회적 목적을 가진 단체들이 SDGs를 기반으로 흥과 흥의 프로젝트의 비전에 대한 카테고리화를 시도하면 각각의 사업을 범주화하는 데 도움이 되리라는 것이 워크숍의 골자였다.

17개의 지속 가능한 발전 목표 중에 흥과 가장 맞닿아 있는 의제는 '불평등 해소'였다. '노동문화 활성화'라는 초기의 주요 목표부터 '특수고용노동자백서' 같은 핵심 프로젝트까지, 흥의 모든 활동은 사실상 불평등에 대한 담론을 표면화하고 없애나가기 위한 것이다. 그래서 흥은 우리 사회에 존재하는 불평등을 음악으로 표현해보기로 했다.

#사회적예술#사회적불평등#그럼에도불구하고

사회적 예술은 예술과 창의성을 활용하여 특정한 사회 문제를 다루거나 인식하려고 하는 예술행동이다. 사회적 예술가는 문화예술 콘텐츠를 활용하여 지역이나 사회에 더 나은 변화를 가져오는 사람들이다.

이 프로젝트의 핵심 테마는 사회적 불평등이었다. 밴드 홍은 수많은 불평등 중에서도 기회의 불평등, 성 불평등, 주거 불평등, 이 세 키워드를 주요 주제로 선정했다. 우리의 일상 속에 너무나 깊이 뿌리박혀 있기에 불평등인지조차 인지하지 못하던 것들을 포착하고 질문을 던지기 위해 선정한 주제였다. 우리가 당연하다고 생각했던 것들에 "당연한가?"라는 물음을 던지며 프로젝트는 진행되었다. 세상에 만연한 불평등은 홍의 시선과 경험으로 언어화되고, 음악으로 표출되었다.

홍이 규정하는 사회적 예술가는 문화예술행동으로 다 나은 사회를 위한 변화를 이끌어내는 사람이다. 이번 프로젝트는 홍 멤버들이 모두 창작자로 참여하여, 추상적으로 발화되었던 사회적 불평등을 자신만의 언어와 예술로 치환하는 방식으로 진행하였다.

그동안 홍의 시선은 늘 주변을 향해 있었다. 사회를 바

「그럼에도 불구하고(Nonetheless)」 앨범 재킷
디자인: 배가영

라보고, 예술인들을 바라보고, 노동자를 바라보고, 대중을 바라봤다. 그 속에서 흥은 많은 성과를 냈지만, 정작 사무국원들이 지닌 사회적 예술가로서의 자아는 약해지고 있는 것이 아닌지 늘 경계해온 것이 사실이다.

그런 점에서 EP 앨범 『그럼에도 불구하고Nonetheless』 프로젝트는 흥이 잊고 지냈던 지점을 되짚어주었다. 이번 앨범 작업을 통해 흥 멤버들은 사회적 예술 단체를 만들어가는 기획자이자 실무자이며, 실천예술인임을 스스로 다짐했다.

「그럼에도 불구하고(Nonetheless)」 앨범 전 곡 듣기

문화다양성으로 빛나는 광장

2018_문화다양성과 '노동 인권'

2018년 흥은 문화다양성 축제에 기획단이자 노동 섹션 부스 활동으로 참여하게 되었다. 축제의 메인 행사인 '런웨이'를 연출하고 진행하는 역할을 맡는 동시에, 흥의 이름으로 시민들을 대면하는 첫 부스를 차렸다. 동환에게는 그때의 경험이 문화다양성에 대한 고정관념을 깨는 계기가 되었다.

"문화다양성이라고 하면 언뜻 떠오르는 여러 키워드가 있잖아요. 젠더, 퀴어, 장애, 세대, 이주민, 서브컬처 등등. 사람은 때때로 자기가 봐온 것이 전부라고 믿고, 그것이 고정관념이 되어 사고의 유연함을 막아버리곤 하죠. 흥도 무의식중에 자리 잡은 오랜 고정관념을 하나씩 깨나가는 과정에 있다고 생각해요. 문화다양성 축제에 참여해 달라는 요청을 받고 문화다양성 의제에 노동 인권도 포함될 수 있다는 걸 처음 알았어요."

2018년 문화다양성 축제에 참여한 흥 부스

2018년의 인연을 계기로 2019년 흥에게 문화다양성 축제 총 연출 제안이 들어왔다. 기획 단체로서 많은 행사를 만들어왔고 문화다양성에 큰 관심을 가지고 있는 흥은 자신감 있게 제안을 받아들였다. 부산문화재단과 수차례 미팅을 하고, 내부 회의를 진행하며 사업의 방향과 목표, 사업 내용을 구체화했다. '문화다양성'의 정의와 축제의 방향성에 대한 토론이 이어졌다. 이전의 문화다양성 축제에 대한 분석도 진행했다.

사업 방향으로 우선적으로 선정된 문장은 '배려와 이해를 넘어, 있는 그대로의 존중과 연대'였다. 서로의 다양성을 이해해주는 것을 넘어 있는 그대로 존중과 연대를 할 수 있다면 차별과 혐오가 종식될

2019 문화다양성 축제 '문화다양성 선언'

수 있을 거라 생각했다. 축제에 참여하는 각 섹션별 대표를 추천받아 기획단을 구성하고, 각 섹션의 참여자들이 축제의 진정한 주체가 될 수 있도록 운영하는 것을 목표로 삼았다. 그리고 축제를 상징하는 핵심 콘텐츠와 테마송을 만들어 보급하기로 했다.

2018년 문화다양성 축제의 메인 콘셉트는 '바람'이었다. 이를 참고하여 2019년의 메인 콘셉트에 대한 브레인스토밍 회의가 이어졌다. 자연스럽게 빛이 언급되었고, '빛이 모이면 밝아진다'는 콘셉트를 잡았다. 핵심 사업 방향인 '연대'와 잘 어울렸다. 우연히도 축제에 참여하는 다양성 그룹이 일곱 개여서 빛의 스펙트럼인 무지개를 콘셉트로 런웨이를 기획했다. '빛이 모이다'라는 슬로건에 걸맞게 런웨이를 구성했다. 이동권을 보장하기 위해 단을 없애고 오픈형 트러스로

중앙 무대를 만들었고, 네 방향에 7개의 런웨이를 설치하여 중앙을 향해 모이는 형태를 구현했다.

　메인 콘셉트인 '빛이 모이다'만으로는 부족하다는 생각에, 10미터 남짓한 런웨이에서 단순히 걷는 것 외에 퍼포먼스를 가미하기로 했다. 부산 지역에서 커뮤니티 댄스로 활동하는 이재은 님을 만나 런웨이에 커뮤니티 댄스를 접목하고 엔딩 퍼포먼스 댄스까지 같이 만들었다. 당일 현장에서 배우는 것만으로는 부족할 것 같아, 급한 대로 흥 사무국원 전원이 커뮤니티 댄스를 배우고 즉석에서 영상을 촬영하여 보급했다. 다양한 사람이 모여 함께하는 축제에서 중요한 것은 '잘' 하는 것보다 '즐겁게' 하는 것임을 깨닫게 해준 경험이었다.

2019 문화다양성 축제 '빛이 모이다' 기록 영상

2020_코로나19와 문화다양성, 그리고 '무지의 장막'
2019년 문화다양성 축제 '빛이 모이다'는 호평을 받았고, 자연스럽게 2020년에도 흥은 축제 연출 단체로 참여하게 되었다. 하지만 상황은 지난해와 완전히 달라졌다. 흥과 부산문화재단은 코로나 상황이 늦어도 5월 초에는 종식되지 않을까 하는 기대를 품고 기존 방식대로 거리에서 다중이 모이는 방식으로 기획을 했으나, 코로나 바이러스는 통제할 수 없는 변수가 되었고 축제의 기본 콘셉트를 제외한 모든 계획이 백지화되었다. 대면 축제 대신 온라인을 활용한 비대면 축제로 전환하기 위해 빠르게 기획을 재정비하고, 영상 송출을 담당할

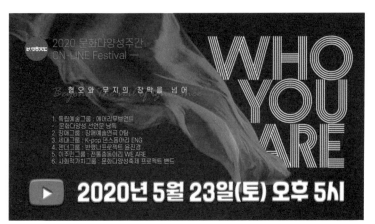

2020 온라인 문화다양성 축제 포스터

'탁주 조합'과 미팅을 진행했다. 또한 영상 송출을 진행할 넓은 공간을 알아보고 답사를 진행했다.

사전 제작이나 녹화를 해서 콘텐츠를 진행할 것인지, 라이브로 진행할 것인지도 중요했다. 현장감과 실시간 소통에 무게를 두고 원칙적으로 현장 라이브 송출로 결정했다. 단지 영상 송출 공간과 이동권에 제약이 있다 보니 장애 그룹 등 참여 대상의 필요에 따라 사전 제작된 콘텐츠를 사용하기로 했다.

송출 현장은 애초에 기획한 콘셉트인 존 롤스의 '무지의 장막'을 차용했다. 원초의 입장을 내세운 롤스의 철학론과 완전히 맞닿아 있지는 않지만, 장막^{veil}을 주요 연출 콘셉트로 활용했다. 비대면 라이브 송출인 만큼 실무 점검과 큐시트에 더 많은 공을 들이고 리허설에 리허설을 거듭했다.

실무를 준비할 시간은 촉박했고, 점검할 것은 많았다. 그 속에서 2020년의 슬로건이 길을 잃진 않을까 걱정도 됐다. 다양성을 지닌 소수자들이 한곳에 모여 소통하고 존중하고 연대하는 장을 충분히 만들 수 없다는 사실이 무엇보다 아쉬웠다. 차별과 혐오를 없애고 더 나은 사회를 만들자는 외침을 모니터 속에 녹여내야 하는 상황으로 인해, 문화다양성 축제 본연의 가치가 충분히 전달되지 않을까 봐 노심초사했다.

하지만 늘 새로운 도전과 실험을 해온 홍은 모르는 부분은 자문을 구하고, 부족한 부분은 전문가를 찾았다. 끊임없이 회의를 하고 변수를 제거하기 위한 점검을 반복했다. 그렇게 처음 진행한 온라인 문화다양성 축제는 무사히 끝났다.

2021년에도 우리는 여전히 코로나 속에서 살고 있다. 재난 상황에서 혐오와 차별은 더욱 뚜렷이 드러나고 있으며, 그에 맞서 문화다양성을 향한 시민의 목소리는 전보다 더 높아졌다. 홍은 다시 이 목소리들이 울려 퍼질 장을 만들기 위해 노력할 것이다. 축제의 패러다임이 변해가는 이 시기에, 모니터에 갇혀 다양성을 전시하는 행사가 아니라 언제 어디에든 존재하는 소수자들이 주체가 될 수 있는 새로운 방식을 모색 중이다.

2020 온라인 문화다양성 축제 'WHO YOU ARE'

부산항 미군 세균무기 실험실 폐쇄 예술행동

홍이 부산항 미군 세균무기 실험실 폐쇄와 관련된 첫 활동을 시작한 건 2019년 4월이었다. 미군부대 앞에서 대규모 집회와 실천 행동을 해오던 '8부두 미군 세균 실험실 폐쇄를 위한 대책위원회'에서 홍이 이번 문화제를 기획하면 좋겠다는 요청이 왔다. 기영은 부산에 그런 실험실이 있다는 사실을 처음 알게 되었다.

"미군 세균 실험실은 우리 땅에서 벌어지는 식민지적 치욕이라는 생각에 '민족적 자긍심'에 초점을 맞춰 준비했던 기억이 납니다. 사회자에게 장군 옷을 입히고 삼족오 기를 높이 올리고 북소리에 맞춰 마치 호국 전투처럼 공연을 진행했죠."

기영은 그날의 집회 기획을 계기로 홍 내부 학습도 강화하고 주변에 이 사안을 알리기 시작했다. 2020년까지 꾸준히 부산 지역 청년 예술인들을 만나 집단 간담회도 열고 시민사회 원탁회의에도 참여했

부산항 미군 세균무기 실험실 폐쇄를 위한 예술인 기자회견 포스터

다. 이러한 활동은 '예술인 기자회견'으로 이어져 그들만의 독자적인 목소리를 낼 수 있었다.

"50여 개 단체와 예술인들이 부산 미 영사관 앞에서 기자회견을 했어요. '미국을 반대한다. 우리 땅에서의 전쟁 준비를 허용치 않겠다'는 구호를 외쳤어요. 당일 비가 엄청나게 많이 와서 미뤄야 하나 싶은 생각도 들었는데, 속속 도착하는 예술인들을 보며 '함께 준비한 기자회견문을 꼭 낭독해야겠다'고 굳게 마음먹었죠."

기자회견 이후 미 세균 실험실 폐쇄 운동은 주민투표 운동으로 전환되었다. 실제로 주민들과 만나며 주민투표 요구 서명을 받는 실천 활동도 했고, 예술인들과 '온라인 릴레이 예술행동'도 시작했다.

"해시태그 '#주한미군세균실험실폐쇄#예술행동'을 붙여 예술인들이 작품으로 의사를 표현하는 방식이었어요. 꾸준히 해온 우리의 활동에 처음으로 '예술행동'이라는 이름을 붙인 사업이었어요."

현재 19만 7천여 명의 시민이 참가한 위대한 서명지는 부산시청 로비에 놓여 있다. 부산 시민들은 그곳을 '기다림의 광장'이라고 이름 붙이고 답변을 기다렸다.

"우리는 아직 답변을 받지 못했다"

온라인에서 이어진 예술행동을 기다림의 광장에서 계속하자는 아이디어가 나왔다. 그간 기자회견부터 주민투표까지 꾸준히 참여해준 예술인들을 긴급 소집하여 '예술행동 TF' 팀을 꾸렸다. 이들은 첫째로 미군 세균 실험실 폐쇄 운동의 현황을 효과적으로 전파하고, 둘째로 예술인들이 현장에 찾아와 그것을 자기의 요구로 표현하게 하는 것을 목표로 삼았다.

청년극단을 찾아가 설득한 끝에 청년 기획자 이지안이 단기간에 극을 준비했고, 갖춰진 전시 공간이 아님에도 시각예술인들은 자신의 작품을 가장 알뜰하고(?) 의미 있게 전시할 방법을 찾아냈다. 물론 어려운 점도 있었다. 90년대생 젊은 세대 예술인들은 '정치적'으로 느껴지고 '내가 제대로 알지 못하는' 것에 대해 행동하기를 꺼리기도 했다.(이런 점은 앞으로 돌파해야 할 과제다.)

2021년 3월 예술행동은 2차까지 이어진 상황이고, 부산시장의 답변이 있을 때까지 계속할 예정이다.

기영은 투쟁하는 주민들이 만든 틈 사이로 예술인들의 언어가 채워지는 경험을 하고 있다. 그리고 예술행동 기간 동안 꾸준히 예술인

예술행동에 참여한 '킬라몽키즈'(위)와 '프로젝트광어'(아래)

들을 만나면서 주체적 예술과 자주적 행동에 대한 고민도 깊어졌다. 예술은 행위보다 역할 찾기에 더 많은 시간을 쏟아야 하는 것이라고 느낀다. 시대정신에 뿌리를 둔 예술의 역할 찾기는 지역 예술인들과 함께 이어질 것이다. 부산시청 광장을 지키는 기영이 그토록 바라는 '선을 넘는 예술'을 볼 수 있는 날이 멀지 않기를 기대한다.

달리는 흥카와 노동 펑크 록

2018년 초 사무국 회의가 열린 어느 날이었다. 2017년 흥 활동에 대한 평가를 하면서 흥 밴드의 향후 방향에 대해 격렬한 토론이 벌어졌다. 흥을 시작할 때까지만 해도 밴드를 만들 계획은 없었다. 어쩌다 급한 공연 섭외가 들어와 급작스럽게 만든 밴드가 바로 흥 밴드이다. 그래서 이름도 없이 그냥 '흥 밴드'다. 사무국 멤버들이 다 음악 하는 사람이다 보니 '어라 이렇게 해도 되네' 하다가 목표 없이 달려왔다. 토론 끝에 내린 결론은 계획을 짜서 활동을 하자는 것이었다.

갑자기 집회 공연 제안이 들어오면 예산과 취지에 맞는 뮤지션을 찾기가 쉽지 않았다. 찾는 데 에너지를 쓰는 것보다 흥이 직접 그 빈자리를 메우는 게 빨랐다. 그다음 목적은 돈이었다. 풍족하진 않아도 공연마다 생기는 수익이 쌓이면 나름 쏠쏠했다. 자립 계획을 세워야 했던 흥에게 수익 활동은 절실했다. 그렇게 2018년에도 흥 밴드는 계속되었다.

"흥 밴드 활동을 하며 집회 현장을 찾을 때마다 참을 수 없이 힘든 것이 음향 문제였어요. 대가 없이 연대 공연을 하는 것까진 그렇다 쳐도 소리는 제대로 전달되어야 하잖아요. 소음처럼 들리게 할 거

흥카에서 '노동 펑크 룩'을 입고 공연하는 흥   사진 ⓒ 이윤경

면 저희를 왜 부르는지, 말로 표현할 수 없을 만큼 불만이 쌓여갔어
요. 이 불만은 제가 대학생 때부터 시작된 거예요. 그때도 민중가요
노래패를 하면서 공연을 하러 가면 집회 현장의 음향 장비가 엉망진
창이었어요. 흥을 하는 시점까지도 그 문제가 해결되지 않고 있으니
더는 못 참겠더라고요. 그냥 제가 해결해야겠다는 생각이 들었어요."

그래서 광혁은 대뜸 이런 제안을 던졌다.

"우리 차 사서 음향 트럭 만들자!"

항상 공을 던지는 투수의 역할을 해온 광혁에게 멤버들이 '마구'
좀 그만 던지라고, 수비는 자기들의 몫이냐며 한창 볼멘소리를 시기
었다. 이번에도 광혁은 거침없이 마구를 던졌고, 좋은 결과물로 이어
졌다. 흥은 빚을 내서 2.5톤 트럭을 구입했고, 기본적인 집회를 맡을
수 있는 음향 장비를 세팅해서 채워 넣었다. 그렇게 '흥카'는 어디든

달려갈 준비를 마쳤다.

흥카는 여러 집회에 활용되었다. 그 덕에 빚은 금방 갚을 수 있었다. 이게 바로 시장 개척인가 싶었다. 집회 음향을 책임지고 무대로 활용하고 공연까지 하며 1석 3조의 역할을 할 수 있는 흥카가 있으니, 필요한 현장에서 흥을 찾는 건 당연지사였다. 부산뿐 아니라 경주, 울산까지 다양한 곳에서 흥을 찾았다. 지금도 흥카는 잘 달리고 있다.

흥카와 더불어 흥 밴드를 빛내준 아이템이 하나 더 있으니, 바로 흥의 의상이었다. 그 이름도 찬란한 '노동 펑크 룩'이다. 지금도 처음 만든 네 벌이 고이 모셔져 있다. 광혁은 평소에 알고 지내던 의상 디자이너 홍석우에게 넌지시 흥 이야기를 했다. 홍석우 디자이너는 흥과 같이 작업해보고 싶다고 먼저 제안했고 빠르게 작업이 진행되었다. 노조 조끼와 빨간 머리띠를 활용한 폼 나는 리폼 의상이 완성되었다. 특히 머리띠로 소매를 만들어 노조 조끼에 이어 붙인 재킷은 흥 멤버들 사이에서 서로 입겠다고 할 정도로 인기였다.

처음 입고 나간 공연은 2018년 노동절 집회였다. 흥은 의기양양하게 의상을 입고 공연을 했는데, 나중에 들은 얘기로는 보기 흉하다는 의견도 있었다고 한다. 결의를 다지는 무대에서 장난치는 것 같은 느낌이었다고. 흥은 개의치 않고 노동 펑크 룩 스타일로 집회 공연을 누비고 다녔다. 그러다 흥의 진정성이 통했는지 아님 그냥 익숙해져서 그런지는 몰라도, 그 이후로는 옷 때문에 욕먹은 적은 거의 없었다. 요즘도 가끔 그 옷을 입고 공연했던 사진을 보면 흥 멤버들끼리 서로 멋있다며 키득거리곤 한다.

"시작은 미약했지만 끝은 창대한 흥 밴드는 아직도 현재 진행형이에요. 지금은 제가 빠졌지만, 남은 흥 멤버들이 똘똘 뭉쳐서 잘 해나가고 있어요."

흥의 전 대표 광혁은 흥 후배들에 대한 자부심으로 가득하다.

흥카와 노동 펑크 룩, 그리고 흥 밴드가 만든 집회 히트곡들과 함께 오늘도 현장은 흥으로 떠들썩하다.

5장

기회를 만든 시간

광혁, 준호, 석현, 동환이 모여 흥의 지난 시간에 대한 솔직한 대화를 나눴다. 스스로 정리되지 않아 공유하지 못했던 고민도 털어놓았다. 같은 현장을 두고도 각자가 느낀 연대의 온도가 달랐다.

서면과 광화문 광장에서 변화를 열망하는 시민들과 노래하던 그들이 현장으로 더 깊이 들어가 평범한 노동자들을 만났고, 더 많은 소수자들과 함께했다. 흥은 '노동예술'이라는 범주에 갇히지 않고 더욱 확장된 행보를 하기 위해 노력해왔다. 인큐베이팅 지원 기간이 마무리될 때 즈음에는 '노동예술지원센터 흥'에서 '신진문화예술행동 흥'으로 전환했다. 끊임없이 도전했던 지난 3년은 새로운 문화예술 단체가 작은 도시에서 싹트려면 어떤 자원이 필요한지 절실히 느낀 시간이었다.

척박한 토양에 스스로를 내던졌지만 이들의 존재를 알아보고 자양분이 되어준 아름다운재단의 유연한 지원이 없었다면 지금의 흥이 가능했을까? 흥 스스로 딱딱한 껍질을 뚫고 나오기까지 어쩌면 더 많은 시간이 걸렸거나, 싹을 틔우지 못했을지도 모른다. 흥은 이제 막 떡잎을 내밀었다. 튼튼하게 뿌리내리기 위해 흥다운 모습으로 거친 바람을 이겨낼 일만 남았다.

광혁　인디 밴드 활동을 계속하면서 제일 절실했던 건 결국 '시장'인 것 같아. 메이저 시장이 아닌 대안 시장을 찾아야 했고, 흥은 노동 시장을 찾아낸 거지. 학교에서 전국의 총학생회가 활용하는 노래패 음반이나 출판물을 보면서 '이렇게만 팔아도 우리 음악 활동은 유지되겠는데?'라는 순진한 생각을 했던 것 같아. 마찬가지로 노동자가 참여하는 콘텐츠를 만들면 문화 향유와 소비의 주체로 성장할 수 있지 않을까 하는 기대가 있었지만, 그건 무척 도식적인 사고방식이었지.

우리 1년차에 청년유니온과 협업한 거 기억나? 청년 노동자들이 가사 쓰고 우리가 곡을 붙여서 〈울려라 골든벨〉 음원 냈잖아. 그때 최저임금 1만 원 운동이 한창이었지. 음원 작업뿐만 아니라 최저임금 1만 원 의상까지 만들어 입고, 포토존 하고, 나름 한다고 했는데 음원 발매 뒤 수익이 천 원도 안 들어왔잖아. 만 원이 넘어야 정산이 되는데, 한 번도 정산된 적이 없어. 실물 CD를 만들 생각도 못하고 스트리밍으로만 진행한 것도 아쉬웠어.

아무리 의미 있는 작업물이 나와도 콘텐츠가 좋아서 즐겨야만 주머니가 열리고 소비가 되는데, 작업에 참여한 노동자나 단체들도 한 번 듣고 말더라고…. 일상생활의 일부로 받아들이지 못하는 콘텐츠이지 않았나 싶어. 이제는 노동조합의 조합원 나이대가 다양해졌고, 문화 영역에서 소비를 하는 분들은 젊은 청년들인데 그들의 취향과 맞지 않았다고 생각해. 그렇다고 우리가 청년을 겨냥한 콘텐츠를 만들었다면 그들의 취향에 맞았을까? 그렇지도 않았을 거야.

결국 우리 정체성의 시작이 인디 뮤지션이고 그것이 한계로 작용하진 않나 하는 생각도 해봤어. 우린 소규모 시장에 적합한 뮤지션들인데, 우리의 능력보다 큰 시장을 찾아 개척하려고 했던 건 아닐까? 난 사실 우리가 좋은 일 한다고 하면 노조와 지역 단체들이 나서서 도와주실 줄 알았는데, 너무 단순한 판단이었지. 게다가 우린 자존심이 세서 적극적으로 콘텐츠를 팔 생각도 못 했어.

진짜 수익 구조가 필요했다면 적극적으로 홍보하고 사달라고 영업을 했어야 해. 그럴 수 있는 판은 많았어. 집회가 열리고 흥을 필요로 하는 곳마다 기꺼이 달려갔기 때문에 당당하게 우리 콘텐츠를 사달라고 제안할 수 있었는데 안 했지. 아니 못 했지. 자존심을 버리고 "우리 음악 CD 좀 사주세요" 하질 않았어. 자존심을 지키는 것과 콘텐츠 비즈니스는 다른 문제더라고. 수익 창출에 대한 고민, 특히 콘텐츠 유통에 관한 고민이 많이 부족했던 것 같아.

오히려 우린 공연 수익에 집중했지. 밴드 '흥'을 결성했잖아. 콘텐츠로는 장사가 안 된다는 판단에서 나온 선택이었던 것 같아. 다양한 콘텐츠를 만들어서 쌓아놔야 소비자들이 다양한 선택지 중에 소비를 하게 되니까. 그래서 노조 조합원들이 직종과 나이에 따라 취사선택할 수 있는 콘텐츠 인프라가 있어야 수익이 될 거란 생각도 들었어. '노동요 프로젝트'를 장기화로 가자고 마음먹었던 건 사실 이 프로젝트를 굴릴 만한 핵심 사업이 없어서였던 것 같아. 내부적으로는 정말 잘 만들고 싶었던 사업이 분명한데, 활동의 메인은 연대 사업, 외부 섭외 공연, 기획 사업 등으로 외화되었던 거지. 외부 일정에 끌려가다 보니 우리 자체 콘텐츠 제작에 집중을 못하고, 우리가 애정했던 노동요 사업에 대한 고민도 그 애정만큼 정성을 다하지 못하게 된 측면도 있어.

그렇지만 흥 밴드를 띄운 건 의도치 않았던 유효한 전략이었던 것 같아. 노조는 당장 집회와 행사에 흥이 오길 바랐거든. 현장에서 가장 필요로 하는 요구를 우리의 예술노동으로 채워드릴 수 있었던 거지. 어찌 보면 흥에게 가장 편한 옷이 흥 밴드였어. 클라이언트의 요구에 맞추면서도 원칙에 위배되지 않는 활동 방식이기도 했고. 그래서 흥 2년차, 3년차부터 정말 열심히 공연했던 것 같아. 그렇게 흥 밴드로 현장을 누비다 보니 우리 콘텐츠도 함께 성장했고. 흥 밴드 이름으로 콘텐츠를 만드니까 노동자와 만나는 접점을 찾기도 쉬웠어.

흥이 가장 잘 만든 콘텐츠는 '사주화 프로젝트'라고 생각해. 예술가들에게 이 프로젝트의 취지를 말씀드리고 참여를 권했더니 흔쾌히 승낙해주셨어. 진행도 순조로웠고 퀼리티도 좋았어. 예술인들이 사회 문제에 참여하고 콘텐츠를 만드는 게 충분히 가능하겠단 생각이 들었어. 그럴 때 예술가들에게 돌려줄 리워드는 무엇일까, 우리가 거기까지는 고민을 하지 못했던 것 같아. 그래서 이 프로젝트가 지속되지 못한 게 아닐까? 참여 예술인들이 '왜 이렇게 조용히 끝나?'라고 생각했을 것 같아.

준호 '사주화 프로젝트'는 앨범 쇼케이스를 염두에 두고 기획했어요. 프로젝트 쇼케이스가 잘되면 이후에 노동인권문화제, 워커스페스티벌과의 연계 지점을 만들어서 계속 이어지면 좋겠다고 생각했는데, 쇼케이스 자체가 좌초되어서 많이 아쉬웠어요. 뮤지션들을 섭외할 때도 이후 앨범 활동 방향을 설명하니까 흔쾌히 마음을 내주셨

신진문화예술행동 흥을 만들어가는 사람들(왼쪽부터 이준호, 배가영, 배보성, 최동환, 김기영, 윤석현)

거든요. 아예 전략이 없었던 건 아닌데, 뒷심이 없었던 것도 맞아요. 콘텐츠 사업은 재원이 확보되지 않으면 쉽지 않다는 걸 뼈저리게 경험했죠.

근데 어쨌든 그건 자본을 가진 사람들의 제작 방식이잖아요. 대안적인 제작 방식을 찾아야 한다고 생각해요. 몇 가지 시도를 했지만 제일 대표적인 방식이 펀딩이었어요. 다만 노동요 프로젝트로 펀딩을 해봤지만 생각보다 잘 안 되서 다른 프로젝트에 시도하기가 어려웠던 것 같아요.

흥 초창기에 '스토리 펀딩'을 너무 힘들게 해서…. 브랜딩도 안 되어 있었고, 마케팅 글을 잘 못 쓰기도 했고, 가치를 잘 전달하지 못했어요. '당신의 노동을 기록합니다' 프로젝트 펀딩도 망했잖아요.(웃음)

동환 스토리 펀딩이 힘들었던 이유도 사실 복합적이라고 생각해요. 단순히 브랜딩이나 텍스트, 전달력의 문제만은 아니죠. 지금 와서 드는 생각은 스토리 펀딩, 크라우드 펀딩조차 일종의 상업적 영역의 '마케팅'에 가깝다는 데 근본적인 문제가 있지 않았나 싶어요. 우리의 가치를 포장해서 구매하게 만드는 행위요. 지지하는 것과 비용을 지불하는 것은 조금 다른 접근이라고 생각하거든요. 우리가 해온 많은 활동이 충분히 지지받을 수 있는 일들이라고 생각하지만, '비용을 지불하고 싶게 만드는가?'라는 면에선 고개를 갸웃하게 되는 것 같아요.

판매의 대상이 아닌 제품을 어떻게든 포장해서 팔릴 수 있는 상품처럼 보이게 하려고 했던 게 잘못된 접근이 아니었을까 하는 생각도 들어요. 지금은 조금 다르지만 당시의 흥은 비영리 단체였고, 활동상도 사회운동 단체의 성격에 가까웠잖아요. 현재도 고민 중인 화두 중에 하나인데 결국 '비영리 마케팅'이죠. '비영리'와 '마케팅'은 합쳐져도 괜찮은 단어일까요?

광혁 형이 말했듯이 다양한 방법과 방향이 있었지만, 확실하게 이거다 싶은 방향은 없었잖아요. 그러다 보니 고민이 돌고 돌아 '시장의 논리 외에 우리가 살아남을 수 있는 방법은 없을까?'라는 고민도 하게 되는 것 같아요. 여전히 답을 내놓지는 못하고 있지만요.

흥은 시행착오를 겪어온 조직이라고 생각해요. 그렇기에 많은 기회가 있었고, 많았던 기회보다 더 많은 기회를 놓쳐왔죠. 하지만 그건 '시행착오'지 실패가 아니라고 생각해요. 우리가 시행착오를 겪는 이유는 두 가지예요. 하나는 뒤따를 만한 확실한 선례가 없다는 것이고, 다른 하나는 우리가 고민한 모든 것들이 소위 말하는 '뇌피셜'의 영역이었다는 거죠. 우리의 수많은 시행착오는 그 뇌피셜들을 시험해 보며 장점과 단점을 파악하고 우리의 길인지 아닌지 판단하는, 공부하는 시간이었다고 생각해요. 망망대해를 헤매는 것 같아 답답할 때도 많지만, 이것이 개척자의 숙명이겠거니 생각하며 계속 해봐야죠. 2017년의 흥과 2020년의 흥을 비교하면 참 많이 발전했다고 생각하거든요. 정확한 이정표는 모를지언정, 다양한 기회 속에서 계속 앞으로 나아가고 있다고 생각해요.

흥 캐러 갑니다

광혁 흥 초창기 간담회 때 엄청 돌아다녔잖아. '흥 캐러 갑니다'에서 만난 노조원과 간부, 단체 활동가 들의 표정을 떠올려 보면 공통점이 하나 있어. 내가 흥의 사업에 대해 설명하는 와중에도 그런 표정을 지으셨어. '빨리 끝내라'는 그 표정…. 어떤 분들은 "짧고 간단하게 끝내주세요"라고 요구하셨지. 모든 단위가 그랬던 건 아니지만, 노조의 경직성과 문화적 피폐함을 발견했다고나 할까. 흥 사업을 하면서 노동 현장에서는 문화예술에 관심을 가질 틈이 없다는 걸 알게 됐지.

어쩌면 모든 문제가 거기서 출발하는 것 같아. 신규 노조의 조합원들은 집회에서 '떼창'으로 불러야 할 노동 민중가요를 배우기 바쁘셨어. 그러니 늘 부르던 노래를 부를 수밖에 없는 현실이었고, 최근 우리가 집회에서 공연한 이후로는 집회 문화가 이럴 수도 있다는 걸 느끼신 거 같아. 어떻게 보면 시원하게 등을 긁어줄 사람이 필요하셨던 게 아닐까 싶기도 하고. 그걸 가장 크게 느꼈던 게 부산학비노조와 함께한 '학비고고장'이었어. 우리를 만나 내재된 흥을 폭발시키셨잖아. 서로에게 좋은 경험이었던 것 같아.

또 다른 마트 노조 간담회도 생각나네. 거긴 몸짓패 동아리가 있었잖아. 간담회 끝나고 몸짓패 모임 일정을 연달아 하러 가셨지. 얼마나 힘들게 활동하는지 알 것 같았어. 기본 노동 시간 내 휴게 시간도 짧은데 그 와중에 노조 활동에 몸짓패 활동까지, 게다가 챙겨야 할 가정이 있고…. 한 달에 한 번 모이기도 힘든 일정이더라고. 거기에 우리 일정까지 더 얹어드리는 건 아닐까 싶었어. 열심히 하시는 분들이니 노조 임원으로도 활동하셨거든. 소수의 인원이 여러 역할을 동시에 하고 계셨잖아.

그런 간담회를 수차례 하면서 노조 동아리가 운영되기 힘든 이유를 체감할 수 있었어. 그런 곳이 대부분일 거야. 그나마 노조가 잘되는 곳은 동아리라도 간간이 있는데, 노조 운영이 어려운 곳은 동아리 활동이 어려울 수밖에 없겠더라고. 또 하나 생각나는 건 흥 캐러 가면서 만난 노조 간부들이 정말 많이 피로해 보였다는 거야. 여러 형태의 간담회 중에 회의 자리가 아닌 일하는 현장이나 투쟁하고 있는 현장에서 더 많은 대화가 이루어졌던 것도 기억나네.

석현 부산시청 앞 풍산 농성장에 통닭이랑 술을 사 갔었잖아요. 해고 노동자분들과 술 한잔하면서 이야기 나눴던 기억이 나요. 저도 그때 현장에서 간담회를 가지는 게 좋겠다는 생각을 했어요.

광혁 어, 맞아. 그때 현장 분위기 진짜 좋았어. 사업 초기에 흥 전체가 마음이 급했던 거 같아. 그래서 현장보다는 간부 조합원이나 상근 활동가 중심으로 만나서 거기서부터 뭔가를 해보려고 했던 게 아닐까. 우리를 빨리 알려야겠다는 마음에 사업 소개하는 간담회용 '찌라시'도 만들어서 갔잖아. A4 용지 몇 장짜리….

그렇게 간담회 자리에 들어가면 간부나 상근 활동가분들이 우리를 소개할 때 "촛불 스타"라고 운을 띄우시던 게 생각나. 그럴 땐 우리를 자랑스러워하고 반겨주시는 게 느껴져서 좋았어. 더구나 우리가 10년 넘게 페이 따지지 않고 필요로 하는 곳에서 공연으로 연대해왔기 때문에, 예술 노동자로서 새로운 발걸음을 내딛는 행보에도 적극적으로 연대해주실 거라고 내심 큰 기대를 했던 것 같아.

동환 사실 '흥 캐러 갑니다'를 2년 바짝 하고 그 후에는 좀 손을 놓은 경향이 있었잖아요. 제일 큰 이유는 만날 수 있는 노조나 노조 간부, 상근 활동가 분들을 거의 다 만나봐서 그랬었거든요. 진짜 열심히 만나고 다녔잖아요, 한동안 현장을 찾거나 노조 간담회를 안 하다 보니 생각보다 많은 과제들이 생겨나더라고요. 남들과 다른 무언가를 해보자고 만들어진 흥이 어느새 남들과 크게 다를 바 없어지는 것 같은 위화감이라고 해야 할까요?

현장을 찾아가는 것은 단순히 우리를 알리고 관계를 맺는 것 외에도 흥의 근본과 정체성에 대해 끊임없이 질문을 던질 수 있는 중심이었다고 생각해요. 그게 약해지니까 흥 내부에서 자성의 목소리가 많이 나오는 거 같아요. 요즘 들어 다시 '흥 캐러 갑니다' 같은 사업을 해야 한다는 이야기들이 나와요. 현장과 소통, 이 두 개가 2021년의 핵심 키워드가 될 것 같네요.

준호 전 어쨌든 그때의 간담회가 유의미했다고 생각해요. 내부에 작은 돌멩이를 던져보는 시도였어요. 동심원이 그다지 퍼지지 않아서 아쉽긴 하지만요. 전 오히려 간담회보다 현장에서 노동문화를 마주하면서 커다란 벽이 느껴질 때가 종종 있었어요. 상실감으로 다가올 때도 있었고요.

노동 집회 현장에서 단결되지 않는 모습이나, 무대에서는 발언 중인데 대오에서는 흡연을 하거나 다른 행동을 하는 등 구태의연한 모습을 볼 때도 있었어요. "흩어지면 죽는다~"라는 노래가 나오는데 대오는 이미 다 흩어지고 있다거나…. 저는 공연하러 현장에 도착하면 거기 있는 대오와 대오 속에 앉아 있는 사람들을 제일 먼저 둘러봐요. 분위기를 감지하려고 노력하죠. 어떤 구호와 발언이 있는지 일부러 더 귀담아 들어요. 무대에 올라가서 진정성을 가지고 노래하면서 대오에 힘을 주고 싶다는 마음이 커져요. 어떤 날은 진짜 몰입이 잘 돼서 그 대오의 에너지가 잘 느껴지거든요. 그런 날은 공연도 만족스럽고 노동자 분들도 무대에 찾아와 손 내밀어주시기도 했어요.

광혁 　준호가 말하는 상실감 느껴지는 현장에 나도 있었잖아. 근데 공연은 많이들 좋아해주셨어. 앙코르도 외쳐주시고. 문제는 다른 데 있었어. 우리는 몰랐는데, 비가 와서 잔디밭이 많이 젖어서 앉아 있기 불편하셨는데 오래 앉아 계셨던 거지. 우리가 공연하려고 도착했을 때 본격적인 교섭이 들어갔는데 생각보다 빨리 끝나버렸고. 그래서 진행하는 분이 우리보고 네 곡 하라고 했다가 한 곡 하라고 했다가… 전체적인 판 흐름이 우왕좌왕했던 것 같아.

석현 　네, 그 현장에서 노동자 분들이 많이 지쳐 보이긴 했어요. 근데 전반적으로 밴드 흥이 공연하러 가면 많이들 좋아해주세요. 저희 스스로도 축제 행사나 돈 버는 행사의 무대보다는 집회 현장에서 공연할 때 훨씬 더 벅찬 뭔가가 올라오고 보람도 있는 것 같아요.

비정규직 노동자 심층 인터뷰

광혁   심층 인터뷰는 굉장히 좋았어. 간담회 때는 시간도 촉박하고, 만나러 간 노조 분들의 직종에 대한 깊은 이해가 힘든 환경이었거든. 그때 나이 대량 성별이랑 직종 나눠서 여덟 명 만났던 거 같은데, 나는 화물연대 노동자 분 만났던 게 제일 인상 깊었어. 사실 화물차 운전하시는 분들 임금 되게 높다고 생각하고 있었거든. 근데 그때 두 시간 정도 심층 인터뷰 진행하면서 많은 걸 알게 되었어. 임금이 높은 편이긴 해도 결국 자기 차를 가지고 있지 않은 노동자들은 차량 대여비랑 보험금, 지입비로 많은 몫을 떼이더라. 실제로 버는 돈은 그리 많지 않더라고. 되게 충격이었어. 일하는 시간이랑 업무강도만 놓고 봤을 때 너무 적은 금액이었어. 나 같으면 못했을 거야. 그나마 나는 다른 사람들에 비해 노동자들의 고충을 이해하고 있다고 생각했었는데, 완전히 깨지는 순간이었어. 이렇게 얕은 지식과 공감대로 흥을 시작하다니, 무식해서 용감했던 거지.
심층 인터뷰 자체는 엄청 좋았고, 간담회로는 부족했던 부분을 채울 수 있는 만남이었어. 다만 그 후가 어려웠어. 인터뷰한 내용을 어떻게 처리할지가 골치 아팠던 것 같아. 영상으로 만들어내기에는 너무 내용이 많아 시간이 길어질 것 같고, 요약 정리해서 글로 쓰기도 애매했어. 결국 홈페이지에 웹진 형태로 올리자고 해서 진행했는데, 녹취록 정리하는 것도 시간이 오래 걸려서 아르바이트 썼던 거 같은데? 하여튼 엄청 힘들었어. 책 만드는 사람들 칭찬해줘야 해.

우리가 준비 기간에 진행한 건 잘했다는 생각이 들어. 그 이후로도 정기적으로 일 년에 한두 번 정도는 계속 진행했으면 더 좋았겠다는 생각도 드네. 지나간 건 어쩔 수 없지만.

흥의 쓸모

준호 2020년에 흥이 부산민주시민상 단체상 후보에 올랐잖아요. 그때 1등과 2등이 박빙이었다고 하시더라고요. 결국 2등을 하긴 했지만 각계각층 대표님들이 "흥은 대중 선동에 굉장히 능한 청년 예술가 집단"이라고 평하셨다고 들었어요. 흥을 지지하고 응원해주신 분들이 많이 계셨지만 작년에 '부산여성단체연합'의 역할이 너무 중요했고 활동도 많이 해야 하는 시대적 요구가 반영되어 수상하셨다고 들었어요. 저희도 그 결과에 동감하고요. 흥 전체에 대한 평가라기보다 밴드 흥을 그렇게 바라봐주신 것 같아요. 저희가 하는 사업이 밴드 흥만 있는 건 아닌데 공연 활동을 1순위로 기억하고 계시니까 그게 흥한테는 장점이자 단점이라는 생각이 들었어요.

광혁 우리 공연을 평가했을 때 아쉬운 점이 하나 있다면, 우리는 지나치게 '고객 맞춤형' 공연을 한다는 거야. 이 고객들이 이런 취향 혹은 이런 노래를 필요로 하겠지 하고 맞춰주는 노력이 어떻게 보면 우리 스스로를 고루한 방식에 가두는 것일 수도 있겠다는 생각이 들더라. 선곡도 옛것이 많고 우리는 그저 살짝 편곡만 할 때도 많잖아. 밴드 흥의 최고 히트곡 〈이 땅의 주인은 우리〉의 경우, 정말 잘 쓰였다고 생각해. 전국에 보급곡으로 퍼졌으니까. 그런데 난 이 성과가 어떤 측면에선 달갑지가 않아. 옛날 스타일의 가사잖아.

난 오히려 웹툰이 우리가 새롭게 해본 시도 중에 높이 평가받을 만하다고 생각해. 생각보다 많은 분들이 읽으시더라고. '대리운전 편'의 경우, 내가 대리운전 이용했을 때 기사 분께 웹툰 본 적 있으신지 여쭤봤는데 봤다고 하시더라고. 너무 기분이 좋아서 바로 우리가 만든 거라고 외쳤지. 그 자리에서 음원도 들려드렸어.

노동운동 흐름에서 시도하지 않았던 방식으로 웹툰이라는 새로운 형식의 콘텐츠를 만들고 그것이 실제 노동 현장에서 노동자에게 소비되는 것을 확인했을 때 예술 노동자로서, 생산자로서 정말 뿌듯하더라. 노동요 프로젝트 콘텐츠 중에 또 이야기하고 싶은 사례 중 하나로 '피스메이커스'가 있어. 이 팀은 지금도 동아리 활동을 하고 있어. 정규직 노동자들로 구성된 밴드인데 우리를 만나기 전까지는 음악을 만들지 않고 옛 민중가요만 부르시다가 우리 만나고 나서 비정규직을 주제로 세 곡이나 쓰셨잖아. 앨범도 내고. 게다가 프로젝트가 끝나면 자연스레 활동도 좀 줄어들 거라 생각했는데, 아직도 활발하게 곡 작업도 하시고. 얼마 전에도 멤버 중 한 명인 건이가 녹음을 부탁하더라고.

우리가 그분들에게 창작에 대한 자극을 드린 것도 성과지만, 계속 이어가고 계시니까 더 뿌듯한 것 같아. 무엇보다 흥 후원을 계속 해주고 계시잖아.(웃음) 근데 그때 돌이켜 보면 완전히 올인해서 합주 컨설팅해드렸어. 열심히 하긴 했어.

동환 흥의 쓸모라고 하면 전 좀 다른 방향에서 접근하게 돼요. 앞에서 형들이 이야기한 건 흥이 사회에서 어떤 쓸모가 있고, 흥의 다양한 프로젝트들이 어떤 인정을 받고 있느냐 이런 이야기잖아요? 저에게 그것보다 먼저 떠오른 건 나에게, 그리고 흥에서 일하는 우리 사무국 친구들에게 흥은 어떤 쓸모가 있을까 하는 생각이었어요.

첫해의 흥과 4년차인 지금의 흥을 비교하면 참 많은 것이 바뀌었지만, 바뀌지 않은 부분도 있어요. 사회와 운동을 이야기하고 예술을 하면서도 최소한 인간의 존엄을 지키며 살아갈 수 있는 수익을 창출할 수 있는 단체가 되어보자는 방향성이요.

조직의 특성상 바쁠 때는 한없이 바쁘고 한가할 때는 또 더없이 한가해서 '워라밸'이 훌륭하다고 말하기는 애매한 조직일지 몰라도, '내가 하고 싶은 일이 뭐지?', '나는 지금 성장하고 있을까?' 같은 고민을 던져주고 계속해서 답을 찾을 수 있게 만들어주는 조직인 만큼 흥은 우리 사무국 모두에게 큰 쓸모가 있는 곳이 아닐까 싶어요.

흥 메이커스

석현　흥 메이커스도 매년 조금씩 활동상이나 목표가 달라지긴 했는데, 어쨌든 제일 중요한 건 지속적이고 일상적인 만남인 것 같아요. 사업을 함께하면 좋겠지만, 처음부터 방향이나 스타일을 맞춰가긴 쉽지 않아요. 일상적인 만남 속에서 대화하면서 자연스럽게 세상 돌아가는 이야기를 하다가 우리가 사는 지역의 의제까지 대화에 녹여내는 게 좋죠. 그래서 2020년에는 우리가 집중했던 아티스트 풀이 조금 좁아졌던 것 같긴 해요. 예전처럼 우르르 모여서 세미나를 하고 흩어지는 게 아니라, 소수일지라도 꾸준히 관계를 맺고 일상의 화두를 주고받으며 공감하는 사회 문제를 문화예술로 풀어내니까 뭔가 남는 것도 있고요. 프로젝트나 사업 중심으로 만나고 관계를 맺으면 그 일이 끝났을 때 정산과 함께 관계도 정리되잖아요.

준호   사실 2020년에는 흥 메이커스 사업 계획이 따로 없었어요. 일상적으로 예술인을 만나는 것으로 방향을 전환했죠. 사업이 차지했던 자리에 여백이 생기고 그것을 관계 맺기로 채운 한 해였어요.

동환   저는 새로운 사람과 새로운 관계를 맺어나가는 데 어려움과 피로감을 느끼는 편이거든요. 하지만 흥 메이커스라는 형태가 아니더라도 흥과 지속적으로 관계를 맺어가는 예술인들이 많아지는 게 흥의 발전이라는 생각에는 완전히 동의해요.

흥은 항상 변화와 변혁을 이야기하는 조직이고, 그것은 절대 흥이라는 하나의 단체, 그리고 그 단체에 속한 몇 명의 사무국원들만으로는 안 된다는 걸 알고 있어요. 애초에 그렇게 엄청나게 다양한 능력을 지닌 사람들도 아니고요, 하하. 어떤 형태가 되었든 결국 다양한 예술인들과 함께할 수 있는 방향을 고민 중이고, 발전시키면서 더 잘하기 위해 애쓸 거예요.

기회를 만든 시간

준호   흥에게 그 무엇보다 감사한 기회는 아름다운재단의 인큐베이팅 지원사업 선정이겠죠. 저뿐만 아니라 모두가 비슷하게 생각할 거예요. 뭔가 사회적으로 가치 있는 일을 하면서 살고 싶은데, 현실적인 어려움 때문에 포기하고 외면한 채 방황하던 시기가 다들 있었거든요. 그때 확신을 가지고 흥에 도전할 수 있는 원동력이 되어줬어요. 초창기 흥의 구상과 비전을 논의할 때 느꼈던 설렘을 아직도 잊을 수 없어요. 그것만으로도 충분히 의미가 있는 '시작'이었어요.

홍 각자에게는 예술인이자 활동가로 살아갈 수 있는 밑거름이 되었죠. 홍 초반에 우리는 노동예술과 노동문화에 대한 일종의 사명감만 가진 채 무턱대고 뛰어든 것도 사실이에요. 이것저것 고민하고 실패도 겪으면서 많이 단련되었죠. 벽에 부딪힐 때마다 부족한 나의 역량이 여실히 느껴지지만, 한편으로는 어떻게 하면 조금 더 잘할 수 있을지 고민하게 돼요. 3년 연속 지원이라는 다소 과감한 지원 방식이 저희를 비롯한 여러 사회 활동가들에게 충분한 학습의 장을 보장해 주었어요.

아무튼 머리 터지게 고민하고 실패하면서 꾸준히 활동하려 애쓴 덕분에 '나'라는 존재, '홍'이라는 존재가 지역에 자리매김한 것 같아요. 불평등한 사회를 바꾸기 위해 열심히 목소리 내는 집단이라는 인식이 지역 사회에 퍼지게 되었으니까요. 앞으로는 지난 3년 '열심히'만 하던 홍을 넘어서 '잘' 하는 홍으로 성장하고 싶어요. 이 분야에서 조금 더 프로다운 면모를 보여드릴 준비를 하고 있어요. 여전히 힘들고 어렵지만, 적어도 확신을 가지고 미래를 준비해야겠다고 다짐하게 해준 감사한 3년이었습니다.

신진문화예술행동 흥

NEW WAVE CULTURE 흥
신 진 문 화 예 술 행 동 흥

연혁

2016

- 촛불항쟁 문화예술계 주체들의 단체 설립 초동 모임(박지선, 이광혁, 이준호, 윤석현, 박주영, 이종열)
- 노동예술지원센터 흥 설립(법인으로 보는 비영리민간단체)
- 2016~2019년 아름다운재단 '변화의시나리오 인큐베이팅' 지원사업 선정

2018

- 대표자 변경(박지선 → 이광혁)
- 부산광역시 전문예술단체 지정

- 사무실 이전(금정구 구서동)

- 한국문화예술위원회 문화다양성 우수 사례 공모전 우수상 수상
- 대표자 변경(이광혁 → 이준호)
- 단체명 '신진문화예술행동 흥'으로 변경
- 부산광역시 예비사회적기업 인증

기획 사업

- 5월 부산학비노조 노동절 '학비고고장' 공동 기획
- 7월 부산청년유니온 '청년UP페스티벌' 공동 기획
- 7월 제2회 '부산 노동자 반전평화통일 문화한마당' 기획
- 9월 2030세대 노동자 교육사업 토크콘서트 '응답하라 1987' 공동 기획
- 11월 '촛불 1주년 기념문화제' 공동 기획
- 12월 문화예술인 권리 보장을 위한 토론회 '희생을 강요하는 구조' 공동 주최

- 1~12월 흥 메이커스 '예술인 세미나' 10회 진행
- 2월 노동요프로젝트 보고전 〈노동요〉 전시회 기획 및 진행
- 4월 '8·15 평화대축배 단일기 대잔치' 기획

- 5월 '부산노동자대회·강제징용노동자상 건립대회' 공동 기획
- 10월 금정문화재단 문화다양성 프로그램 〈인생기록단〉 전시회 기획
- 10월 10·4선언 11주년 기념 '평화트럭 페스티벌' 기획
- 10월 녹산공단노동조합 〈작은음악회〉 기획 및 진행
- 11월 남북정상회담 성사를 위한 '원코리아 트럭킹' 기획

2019

- 부산문화재단 문화나눔사업 '부산을 변화시키는 예술' 사업 수행
- 부산음악창작소 '뮤지션 홍보 플랫폼 제작' 용역사업 수행
- 1월 용산 참사 10주기 결의대회 'STOP The Violence' 공동 기획
- 4월 '8부두 세균무기 실험실 추방' 문화제 기획
- 5월 아이다호 문화제 '울려라 평등의 목소리' 공동 기획
- 5월 부산문화재단 문화다양성 페스티벌 '빛이 모이다' 기획 및 음원 제작
- 11월 신나는 예술여행 '부산 남항 바닷길 축제' 공연 기획 및 진행
- 12월 부산정보산업진흥원 용역사업 뮤직텔링 〈부산만담〉 공연 기획
- 12월 대리운전노조 2차 총파업 프로그램 기획 및 연출

2020

- 5월 부산문화재단 '문화다양성 온라인 페스티벌' 총괄 기획
- 5월 '5·18 광주민중항쟁 40주년 기념 부산대회' 공동 기획
- 8월 '미 세균전부대 추방을 위한 예술인 기자회견' 기획
- 9월 청년 주간 '노동 컨퍼런스' 기획 및 발제
- 9~12월 노동요프로젝트 〈알:바로잡기〉 기획
- 10월 부산의료원 노동자 힐링 콘서트 〈덕분에〉 기획 및 진행
- 10월 텀블벅 프로젝트 '호모 사이렌' 기획

- 10월 예술인 집담회 '우리는 왜 선을 안 넘나' 기획
- 11월 영도가문화학교 축제문화기획자학교 'RE?' 기획 및 진행
- 12월 문화예술계의 지속가능성을 모색하기 위한 라운드 테이블 're:bound' 기획

교육 사업

2017

- 1~12월 노동요 프로젝트 교육사업 5종 진행

2018

- 1~12월 노동요 프로젝트 교육사업 5종 진행
- 7월 부산학교비정규직노조 조합원 캠프 노래 교육
- 10월 금정문화재단 문화다양성 프로그램 '인생기록단' 교육 사업
- 10월 부산 동신중학교 '독서캠프 독서래퍼' 힙합 교육

2019

- 6월 부산대병원노조 드로잉·사진 교육 기획
- 7~11월 금사중학교 노래 교실

2020

- 9월 부산학비노조 조합원 온라인 노래 교육
- 10월 구포초등학교 음악교실

연대 공연 및 지원

2018

- 4~10월 금정문화재단 문화가 있는 날 〈미로 공共 통通〉 공연
- 8월 '8·15 강제징용노동자상 건립 촉구대회' 공연 및 지원
- 9월 '미 8부두 세균무기 실험실 철거' 집회 기획 및 공연
- '부산 NPO 활동가 포럼' 축하 공연

2019

- 1월 박종철 열사 추모 집회
- 1월 부산 6차 김용균 열사 추모행동
- 1월 서울 콜트콜텍 끝장 문화제 연대 공연
- 3월 3·1운동 100주년 기념대회
- 3월 민주노총부산본부 총파업결의대회
- 3월 부산택배노조 집회 연대 공연
- 4월 부산민예총 세월호 5주기 추모문화제
- 4월 판문점선언 1주년 평화선언식
- 5월 부산 노동절대회 연대 공연
- 5월 광주 오월의 노래 버스킹
- 6월 경주 탈핵 집회 공연
- 6월 부산항 8부두 세균실험실 폐쇄 촛불집회
- 7월 학비노조 부산지부 파업문화제
- 8월 부산반일대회
- 9월 평양선언 1주년 기념행사

- 9월 부마민주항쟁 40주년 기념 문화제
- 10월 지리산이음 포럼
- 10월 검찰적폐청산대회
- 10월 부마항쟁 40주년 기념문집 출판기념회
- 10월 경남 평화통일한마당
- 10월 성주 사드 반대 수요 촛불문화제
- 11월 노동인권연대 노동인권문화제
- 11월 대리운전노조 총파업대회

2020

- 5월 5·18 민중항쟁 부산기념대회
- 6월 민주노총부산본부 결의대회
- 6월 부산 차별철폐대행진
- 6월 6·15선언 20주년 기념식
- 6월 부산 시민 시국대회 1~3차
- 7월 8부두 세균실험실 폐쇄를 위한 1000인 원탁회의
- 7월 김진숙 지도위원 복직투쟁 기자회견
- 8월 차별금지법 제정 촉구 부산 문화제 〈평등버스〉 지원 및 공연
- 9월 영호남 민족예술대동제
- 11월 부산 민중대회
- 11월 기획 공연 〈원코리아 싸이퍼〉
- 11월 재미난복수 시장 밖 예술 노동 섹션 패널 및 공연
- 12월 고 김용균 노동자 2주기 추모 문화제
- 12월 김진숙 지도위원 복직 응원 드라이브스루 공연

음원 및 앨범 제작

2017

- 〈울려라 골든벨〉 싱글 음원 발매

2018

- 5월 교육노동자들과 함께하는 〈차별 없는 학교 만들어요〉 음원 제작
- 6월 부산대병원노동조합 〈4아웃파티〉 음원 제작

2019

- 4월 『죽음의 외주화 死住化』 컴필레이션 앨범 제작 및 온라인 발매
- 5월 부산문화재단 문화다양성 페스티벌 '빛이 모이다' 주제곡 제작
- 10월 노동요프로젝트 vol.2 〈이 땅의 주인은 우리〉 싱글 발매
- 10월 부산지역현장노래패연합 소리연대 〈우리 사는 세상〉 싱글 제작
- 12월 노동요 프로젝트 vol.3 〈특수고용노동자백서〉 싱글 발매

2020

- 1월 노동요 프로젝트 vol.4 〈평화로 가자〉 싱글 발매
- 5월 부산대학교병원노조 로고송 제작
- 5월 부산문화재단 문화다양성 온라인 페스티벌 'WHO YOU ARE' 주제곡 제작
- 10월 문화예술행동팀 〈세균 실험 멈추러 갈래〉 개사곡 기획 및 제작
- 밴드흥 EP 『Nonetheless』 발매

미디어 콘텐츠 제작

- 6월 부산대병원노동조합 '4아웃파티' 영상 제작
- 7월 '종전하고 꿀잠 자자' 기획 영상 제작
- 7월 '통일슛' 기획 영상 제작
- 7월 '부산국제행위예술제' 공연 영상 2종 제작
- 8월 부산공공실험실 지원팀 홍보물 제작
- 8월 풍산마이크로텍 투쟁 문화제 기획 영상 제작

- 리얼택배웹툰 〈탑차〉 시즌1, 2 연재

- 특수고용노동자백서 택배기사 편, 대리기사 편 제작
- 특수고용노동자백서 전국민고용보험 편 제작
- 노동요 프로젝트 『알:바로잡기』 책자 제작
- 영도가문화학교 축제문화기획자학교 『RE?』 결과 자료집 제작